D1447020

VIDA PRÁCTICA

Cómo empezar un Daycare en su hogar

L.M. GIL

Reed

Páginas

CÓMO EMPEZAR UN DAYCARE EN SU HOGAR

Un libro de Reed Páginas
Publicado por Reed Press™
360 Park Avenue South
New York, NY 10010

www.reedpress.com

ISBN 1-59429-015-6

Library of Congress Control Number: 2004104995

Interior diseñado por John Reinhardt Book Design

Impreso en los Estados Unidos de América

10   9   8   7   6   5   4   3   2   1

TABLA DE CONTENIDO

INTRODUCCIÓN

El libro que tiene en sus manos es una guía detallada de cómo establecer y operar una guardería infantil "Daycare" desde su propio hogar. En los próximos capítulos encontrarás información específica de cómo prepararse mental y profesionalmente para operar su negocio; cómo transformar su espacio de vivienda, crear un ambiente seguro y acogedor; y cómo poner en marcha un plan de trabajo efectivo.

Esta guía ha sido escrita con un enfoque de negocios. Por muy pequeña que sea su guardería, debes verla y administrarla como una empresa. En el momento en que usted abra las puertas de su hogar a unos cuantos pequeños a su cuidado, ya habrá invertido una enorme cantidad de tiempo investigando sus responsabilidades, planificando su operación y preparando su espacio de trabajo. Además de tiempo, con seguridad habrás hecho una inversión monetaria para llevar a cabo estos preparativos. Todo esto, con el propósito primordial de *ganar dinero* a cambio del servicio de ofrecer cuidado infantil en un ambiente seguro y acogedor. Desafortunadamente, este propósito es el primero en perderse de vista al momento de recibir al primer cliente. Quizás sea por la educación que recibimos de pequeñas o por el exceso de cortesía que nos caracteriza a los latinas, la realidad es que a la mayoría de nosotras se nos hace difícil abordar temas de negocios y establecer límites contractuales. Como consecuencia, muchas personas terminan invirtiendo una gran cantidad de tiempo, energía y dinero

1

en sus empresas y al final, no son remuneradas adecuadamente por su trabajo. Esta guía le ayudará a evitar estos traspiés y a asegurándose de que sus esfuerzos sean remunerados de manera competitiva con el mercado actual.

Hoy día, el servicio de guardería infantil es uno de los más solicitados en EEUU, donde las previsiones para tiempo familiar en la mayoría de las empresas resultan sorprendentemente escasas. En el caso de familias de habla hispana, impera una necesidad aún más fuerte. Muchos latinos que se desempeñan en el mundo angloparlante conocen directamente las ventajas profesionales de ser bilingüe y, por lo tanto, quieren asegurarse de que sus hijos conserven el español. Además del idioma, estará en la posición de compartir su cultura hispana—a través de cuentos, historias, tradiciones y actividades—con los niños a su cuidado, lo cual se convierte en una cualidad inestimable para muchos padres.

Aunque los beneficios monetarios de proveer un servicio de guardería infantil desde su propio hogar son significativas, las recompensas inmateriales también son considerables. Como dueña de su propio negocio, tendrás la libertad de escoger su propio horario de trabajo en torno a sus deseos y necesidades, y determinar la frecuencia y extensión de sus vacaciones según las prioridades de su familia. Si tienes niños pequeños, no sólo tendrá la libertad financiera de compartir con ellos durante el día, sino también, a través de su negocio, podrá proveerles compañeros de juego, enseñanza, y entretenimiento supervisado. ¿Y quién puede ponerle un precio a la satisfacción de operar su propio negocio y al mismo tiempo saber que está contribuyendo a la educación y cuidado de una generación futura?

Como verá, la empresa de cuidado infantil tiene muchas ventajas y aún mayores responsabilidades. Este libro le ayudará a abordar estas responsabilidades y a manejar su tiempo para que su trabajo sea efectivo, lucrativo y gratificante.

CAPÍTULO 1

¿TENGO LO INDISPENSABLE?

HOY DÍA, LOS PADRES TIENEN a su disposición una gran variedad de opciones de cuidado infantil. Muchas ciudades cuentan con grandes centros de cuidado en facilidades impresionantes con áreas de juego dentro y fuera del centro, transporte propio y hasta gimnasios. Sin embargo, el costo de este tipo de cuidado al igual que el número de niños que participa aleja a muchos padres de esta opción, haciendo más atractivo el tipo de cuidado infantil denominado como "casero," también conocido como "guardería". En este tipo de servicio, el número de niños es mucho más reducido—y a menudo está limitado por leyes que varían de estado a estado—garantizando atención y cuidado personalizado. La decisión de dejar a un niño al cuidado de otra persona es monumental para los padres y, a menudo, un ambiente hogareño da más confianza y facilita la transición tanto para los niños como para sus padres.

Sin embargo, para operar una guardería desde su casa hace falta un poco más que el deseo de estar rodeada de niños, aunque ésta sea precisamente una de las mayores exigencias de la empresa.

Quien diga que el cuidado infantil es un negocio fácil de operar, probablemente nunca ha visitado una guardería en función.

Evelyn, madre de un niño de 3 años, se ofreció de voluntaria en la guardería de su hijo una media hora dos veces a la semana para leerles cuentos en español. Al principio, la idea de estar cerca de su hijo en este ambiente de juego y enseñanza le llamaba mucho la atención y hasta había llegado a contemplar la idea de establecer su propia guardería en un futuro no muy lejano. Sin embargo, al verse semana tras semana rodeada de preescolares de varias edades, con una concentración máxima de varios segundos, y el ímpetu de hablar todos a la misma vez, comprendió que este tipo de negocio no era el apropiado para ella.

Requisitos personales

Además de una verdadera pasión por los niños—y no sólo los propios!—hace falta una gran dosis de energía, paciencia, organización, ingeniosidad, y sentido del humor. El trabajo de una guardería es arduo e intenso. Usted tiene un compromiso con los padres de sus pequeños clientes de proveer cuidado en un ambiente seguro, lo cual, aún al nivel más elemental, es una enorme responsabilidad.

Antes de comenzar a evaluar la posibilidad de operar este negocio, debe hacerse algunas preguntas básicas al respecto de su personalidad:

- ¿Soy una persona paciente, energética y saludable?
- ¿Me causaría demasiada tensión la responsabilidad de tener niños ajenos a mi cargo?
- ¿Soy una persona organizada y puntual?
- ¿Tengo un buen sentido del humor y me puedo reir de los inevitables percances de trabajar con niños?
- ¿Puedo controlar mis emociones frente a otros?
- ¿Sabría desenvolverme en una situación de emergencia?
- ¿Tengo el deseo y el tiempo para aprender más sobre cuidado infantil?

- ¿Tengo la iniciativa de informarme de actividades para mantener la atención de los niños a mi cargo y brindarles variedad, educación y entretenimiento?
- ¿Podría conseguir referencias profesionales o personales que den fe de mi comportamiento y veracidad?

Aunque una formación académica o experiencia profesional en enseñanza infantil o algún campo relacionado le sería útil al enumerar sus credenciales, no es un requisito esencial para la operación de una guardería ni tampoco garantizaría el éxito de su empresa. Más importantes son las características personales resumidas anteriormente y su deseo y determinación de informarse sobre su nuevo rol. (¡El hecho de que esté leyendo este libro ya representa una buena señal!) Los padres poseen un sentido especial sobre lo que constituye una persona y espacio confiable para sus hijos, y un título académico casi nunca encabeza la lista de sus prioridades.

Considere la opinión de su familia

Es esencial que considere la opinión de su familia sobre la idea de operar una guardería desde su casa, ya que las actividades de su negocio afectarían directamente el espacio de vivienda y, hasta cierto punto, la privacidad de los otros miembros. Si tiene niños pequeños, debe considerar cómo reaccionarían ante otros niños que compitan por su atención y ocupen su espacio habitual. Discuta estos puntos con su familia y considere las preocupaciones de cada quien. Con un buen plan de trabajo y buena comunicación podrá encontrar la solución o establecer un compromiso funcional.

- ¿Mi familia es confiable y respetuosa?
- ¿Los otros miembros de mi familia comprenderían la responsabilidad hacia los niños y sus padres?
- ¿Respetarían las limitaciones durante mi horario de trabajo?

- ¿Sabrían cómo reaccionar en una situación de emergencia?
- ¿Contaría con el apoyo de mi familia para esta empresa?

Evalúe su espacio de trabajo

Antes de determinar el número de niños que quisiera atender desde su casa, es necesario que evalúe el espacio que tiene disponible para este tipo de operación. Por lo general, las guarderías en hogares particulares se licencian para atender de 3 a 12 niños, dependiendo del espacio—su oficina de licenciamiento (ver Apéndice 1) le explicará el número límite de acuerdo a las leyes del estado. Si no está segura de cuántos niños puede cuidar cómodamente, sería una buena idea invitar a los niños de sus familiares y vecinos a que jueguen una tarde en su casa. Si se la pasan tropezando o pisándose los talones, es señal de que el número de niños es demasiado grande para su espacio.

Idealmente, su espacio de trabajo quedaría para el uso exclusivo de los niños para que no tenga que armar y desarmar mesas, sacar y esconder juguetes, y redecorar a diario. También, si tiene mascotas que deambulan por el área de los niños fuera de horas de trabajo, podría estar contribuyendo a las muchas alergias comunes.

Recuerde que niños de distintas edades requieren espacios diferentes. Por ejemplo, los bebés no necesitan tanto espacio como los niños que caminan, pero su cuidado requiere cunas o corrales, que ocupan bastante espacio. Por su parte, los niños que caminan ocupan más área por movimiento y, por lo tanto, requieren un espacio limpio y despejado.

Al evaluar su espacio, considere que necesita establecer áreas específicas para juego, comidas y siestas—aunque si el espacio es lo suficientemente amplio y cuenta con mesas y sillas plegables, es posible que lo pueda acomodar todo en un mismo lugar. Recuerde también que va a acumular juguetes y materiales, y que necesita un lugar para almacenarlos dentro de su espacio de trabajo cuando no los esté utilizando.

- Cuento con un espacio amplio y despejado?
- Tengo donde almacenar muebles, plantas y decoraciones que puedan presentar peligro a los niños?
- Puedo sellar las otras áreas de la casa para mantener a los niños en un espacio seguro?
- Mi espacio designado cuenta con suficiente luz y ventilación?

Asegure su espacio de trabajo

Considere también cuán seguro es su espacio. ¿Puede retirar muebles no-estables, piezas de cerámica, decoraciones al alcance de los niños? Este requisito es sólo el principio de una larga lista de precauciones que debe tomar al preparar su espacio de trabajo. Asegure las alfombras y tapetes para evitar accidentes y observe si sus pisos resultan resbalosos. Si tiene una chimenea, fíjese que el acceso a ésta esté bloqueado. Inspeccione sus plantas y mascotas. Muchas plantas resultan venenosas si se ingieren. Infórmese si las suyas caen bajo esta categoría. Y si tiene mascotas, asegúrese de buscarles un lugar seguro, alejado de los niños ya que podrían causar accidentes y/o agravar alergias.

Asegúrese también de cambiar las cerraduras de las puertas para que los niños no puedan quedar atrapados accidentalmente en alguna habitación o armario. También instale seguros en los gabinetes de la cocina y del baño donde almacene productos de limpieza, químicos o medicamentos al alcance de los niños.

El contar con un patio presenta ventajas y desventajas. Las primeras son obvias, ya que a los niños les encanta romper la monotonía del día con actividades al aire libre y, al mismo tiempo, les brindaría muchas posibilidades de instrucción y juego que no serían posibles en el interior. Sin embargo, los peligros se multiplican alfuera. Primeramente, asegúrese de que el patio esté debidamente cercado. Si tiene una entrada al patio por la calle, asegúrese de cerrarla con candado. Remueva plantas con espinas o venenosas al igual que materiales de abono y herramientas de jardinería. Si tiene un estanque, riachuelo o piscina, asegúrese de cercarlo firmemente para prevenir accidentes. Fumigue con suficiente aniticipación y recuerde que mientras los niños estén jugando afuera, no podrás dejarlos solos ni un instante.

Estas son sólo algunas medidas de seguridad básicas que debe tomar. Para asegurar el espacio, se recomienda invertir en una inspección del equipo de bomberos que, por una cantidad ínfima de dinero, le indicará las zonas potenciales de peligro en su hogar y le hará recomendaciones específicas para corregirlas. Esta es también una buena oportunidad para establecer un plan de evacuación en caso de fuego e informarse de dónde debe tener extinguidores y de qué tipo. También es posible que los requisitos de licenciamiento en su estado requieran una visita de inspección. No le tema a esta visita ya que los inspectores están preparados para señalarle peligros y precauciones que años de experiencia les han enseñado a percibir en breves minutos.

Considere su vecindario

Infórmese sobre las restricciones de su vecindario en cuanto a la operación de un negocio desde la casa. Muchas urbanizaciones y vecindarios tienen reglas específicas sobre qué tipo de negocio puede operar desde su hogar, durante qué horas, y qué medidas puede o no tomar para darle promoción a su negocio. Estas restricciones pueden presentarse no sólo a nivel de vecindario, sino también de ciudad, y/o de condado. Revise las cláusulas del reglamento de su vecindario—e infórmese si este documento existe—y llame a las oficinas gubernamentales de su ciudad para preguntar qué restricciones hay en cuanto a la zonificación de negocios, qué permisos necesita, y dónde los puede procurar.

También es importante que notifique a sus vecinos antes de comenzar a operar su guardería. Recuerde que el tráfico de automóviles podría causarles inconveniencias a sus vecinos, al igual que el estacionamiento. Infórmeles a los vecinos con anticipación su intención de abrir este negocio, asegurándoles que los padres estarán al tanto de que no deben estacionarse fuera de las áreas designadas. Recuerde que el mantener una buena comunicación con sus vecinos es esencial para el éxito de su empresa.

Presupuesto inicial

Además de requisitos personales y físicos, la evaluación del local, y restricciones de zona, es imprescindible que establezca un presupuesto para los gastos iniciales. Aunque el costo de apertura para este tipo de empresa es mínimo en comparación con la gran mayoría de pequeños negocios, hay ciertos gastos esenciales que se debe considerar.

Primeramente, si su estado requiere una licencia especial para operar una guardería desde su hogar, tendrá el costo de la misma más cualquier otro requisito que caiga bajo las estipulaciones de licenciamiento. Por ejemplo, en algunos estados se requieren pruebas médicas como la de tuberculosis (TB test) y registros con la policía en caso de que los padres quieran investigar sus antecedentes penales (recuerde que esto sólo implica crímenes mayores y no infracciones de tráfico o faltas menores). Incluya también los gastos de la inspección de bomberos, al igual que cualquier entrenamiento básico que se requiera.

En segundo lugar, necesita informarse sobre sus opciones de seguro contra terceros y cobertura para operar un negocio desde su hogar. Comuníquese con su agente de seguros y no escatime en preguntas ni en la prima. Recuerde que sin una cobertura efectiva, cualquier percance podría terminar costándole enormemente en dinero, tiempo y tranquilidad.

También se recomienda que se una a alguna organización de apoyo profesional (como la NCCIC, discutida más adelante) lo cual implica, por lo general, una modesta cuota para miembros. Las ventajas en cuanto a material educativo y conexiones son numerosas y a menudo sus miembros califican para descuentos especiales de seguros y materiales.

Recuerde que necesitará cierto equipo básico como mesas y sillas de niños para las meriendas y actividades manuales, juguetes, materiales (como crayolas, cinta adhesiva, pega, acuarelas, etc.), equipo de música o grabadora, y equipo de seguridad (cerraduras especiales, protectores de tomacorriente, etc.).

Al hacer su lista de equipo básico tendrás que determinar quién—si los padres o usted—va a proveer ciertas cosas como cunas plegables, corrales, sacos de dormir para la siesta, toallas, almohadas, baberos, pañales, biberones, vasos especiales, y demás.

En su presupuesto inicial debe incluir también materiales de oficina como papel, grapadoras, cinta adhesiva, gastos de impresora y fotocopias, y otra miscelánea de oficina. Se recomienda que invierta en un buen archivo a prueba de fuego ya que va a necesitar llevar un buen registro de sus gastos para cuando rinda la planilla de impuestos. También necesitará mantener fichas por estudiante con la información esencial de cada uno, permisos y otros documentos que se detallan más adelante.

Haga una lista de los materiales y mobiliario que va a necesitar y compártala con amistades y familiares para que le avisen de ventas que hayan visto o artículos que tengan disponibles. Como se mencionó anteriormente, tenga en mente que los muebles y juguetes que necesite van a depender de las edades del grupo al cual se va a dedicar. Recuerde que a menudo las oficinas de licenciamiento especifican según las edades de los niños, la cantidad de muebles con la cual debe contar—por ejemplo, una cuna, silla para el comedor y silla alta—por niño a su cuidado.

Muchos de estos muebles y juguetes los puede conseguir de segunda mano, por medio de amistades con niños grandes, anuncios clasificados, ventas de garage, o tiendas de segunda. Siempre verifique que cualquier juguete o mueble infantil que obtenga de uso no haya sido retirado del mercado por cuestiones de seguridad (refiérase a la US Consumer Product Safety Commission en el Apéndice). Por último, recuerde que puede sacar libros y materiales de su biblioteca local, y no olvide que a menudo éstas ponen libros fuera de circulación en venta por precios mínimos. Infórmese con anticipación.

Lo esencial

✓ Tener entusiasmo, energía y dedicación por su trabajo
✓ Contar con el apoyo de su familia
✓ Informarse sobre los requisitos y responsabilidades legales comunicándose con las oficinas de licenciamiento y asociaciones profesionales (ver Apéndices 1 y 2)
✓ Evaluar su espacio disponible en cuanto a capacidad y seguridad
✓ Informarse de las restricciones de zona en su comunidad, ciudad y condado
✓ Crear un presupuesto inicial
✓ Mantener buen registro de sus gastos aún antes de comenzar a operar

CAPÍTULO 2

PRIMERAS DECISIONES

DE LAS CONSIDERACIONES PRELIMINARES expuestas en el capítulo anterior, su espacio de trabajo y presupuesto van a depender en gran medida de la edad o edades del grupo de niños que quiera cuidar y del tipo de servicio que vaya a ofrecer. Es esencial que reflexione sobre estas decisiones ya que serán la base de su plan de trabajo. Tómese el tiempo que necesite para explorar cada una de estas opciones. Es esencial que, durante esta etapa de planificación, tenga la oportunidad de visitar varias facilidades de cuidado infantil en su comunidad especializadas en edades y enfoques educativos diferentes. De este modo, usted tendrá no sólo una mejor idea de la competencia, sino también de qué tipo de servicio se presta más a la distribución de su hogar y a su personalidad.

¿Bebés, niños pequeños, escolares, o de todo un poco?

Una de las primeras decisiones que va a tomar es la de determinar su clientela. ¿Va a especializarse en el cuidado de niños de una edad determinada o va a cuidar a un grupo mixto de edades? Por lo general, el cuidado infantil se clasifica bajo 3 categorías: *bebés*, *niños que caminan* (entre un año y dos y medio de edad), y *niños de edad pre-escolar* (entre dos y medio y cinco años). Cada grupo presenta requisitos específicos y, por lo tanto, requiere una planificación distinta.

Si provee una operación pequeña, bien podría cuidar a niños en etapas distintas de desarrollo. Sin embargo, debe tomar en consideración que este enfoque requiere más tiempo en cuanto a atención y preparación, al igual que espacios separados para las distintas actividades. Por lo tanto, debe ser realista al establecer el número de niños de edades diferentes a los que va a cuidar.

Bebés

Suele decirse que los bebés sólo tienen tres necesidades fundamentales: ser alimentados, ser queridos, y sentirse seguros. Durante el tiempo que estas tiernas criaturas estén a su cuidado, estas tres simples pero enormes responsabilidades quedarán a su cargo.

Es esencial que mantenga una buena comunicación con los padres de los bebés, quienes le podrán informar sobre la rutina a la cual responden mejor, sus gustos y preferencias, al igual que patrones alimenticios y de sueño. Es importante que mantengas un buen registro del horario y cantidad de comida, lo cual, necesariamente va a variar de bebé a bebe.

Recuerde que los padres que han tomado la decisión de dejar a sus bebés bajo el cuidado de otra persona por lo general sienten una cierta medida de culpabilidad y, por lo tanto, pueden ser bastante sensibles a sus comentarios. Tenga tacto al mencionarle el progreso de desarrollo de su niño y considere esperar a que los padres le comuniquen aquellos eventos importantes de desarrollo—como la primera palabra o la primera vez que se sostenga de pie—antes de mencionárselos.

Algunas actividades, como hablarles, leerles, cantarles, mecerles y sonreirles, poseen un atractivo universal para los bebés y son extremadamente importantes para su desarrollo. Esmérece en integrar estas simples actividades a su rutina de cuidado. Antes de proveer cualquier juguete, verifique la edad recomendable y la seguridad del mismo (refiérase a la *Comisión Para la Seguridad de Productos* en el Apéndice 3). A esta edad, los juguetes sirven para estimular los sentidos, pero recuerde que luces, sonidos y objetos de colores cumplen la misma función—siempre y cuando sea bajo exploración supervisada.

Tendrá, necesariamente, que lidiar con episodios de llanto inexplicable de vez en cuando. Nunca ignore el llanto de un bebé. Pregúntese si puede ser a causa de hambre, cansancio, miedo, que necesite un cambio de pañal o que tenga alguna molestia física. Recuerde que el cargarlos y mecerlos ayuda a calmarlos, al igual que las mecedoras con vibración, la música suave, y el envolverlos en una frazada de la casa que mantenga el olor de su mamá.

Recuerde también que el entrenamiento de primeros auxilios para bebés difiere del de niños pequeños. Asegúrese de recibir entrenamiento en resucitación cardio-pulmonar específicamente para bebés y revise las guías de primeros auxilios para esta edad.

Por último recuerde que al determinar el espacio para el cuidado de bebés debe considerar áreas para dormir y jugar, para comer, para cambiarles los pañales, y posiblemente bañarlos. El equipo para estas actividades debe mantenerse escrupulosamente limpio y debe cumplir con las guías gubernamentales de seguridad (de nuevo, refiérase a la *Comisión Para la Seguridad de Productos* en el Apéndice 3).

Niños pequeños (de 1 a 2½ años)

Los niños de 1 a 2½ años de edad, presentan retos diferentes debido a su mobilidad. Evidentemente, aquí aplica la mayoría de las medidas de seguridad esbozadas en el capítulo anterior. Debe reevaluarlo todo, desde los tomacorrientes destapados hasta los gabinetes de cocina sin asegurar.

Según los expertos en desarrollo, entre los 2 y 3 años, las actividades más importantes son jugar, aprender sobre límites y adquirir lenguaje por medio de su relación con otros niños de su misma edad. Esta es la llamada "edad terrible" de los 2 años, cuando los niños comienzan a poner a prueba las reglas y límites de los adultos. Tendrá que concebir un método de disciplina apropiado para esta edad. La mayoría de las veces un "no" firme es todo lo que necesita para lograr la atención de estos niños y mantenerlos fuera de peligro. Según el Dr. Berry Brazelton, autor de numerosas guías de desarrollo infantil, a esta edad, los niños no saben expresar el tipo de atención que necesitan y por eso arman berrinches y rabietas. Brazelton insiste en que cuando un niño pequeño pide atención por medio de llanto o gritos, lo que necesita es un abrazo o un poco de reconocimiento, y no una reacción de enojo. Su recomendación es que se busque la manera de alejar al niño de la situación, sea por medio de unos minutos en un rincón o, mejor todavía, meciéndolo en un sillón para romper el ciclo de intensificación.

Otro reto que presenta esta edad es que encontrará una gran disparidad entre los niños que ya no usen pañales y los que están en transición. Es recomendable que elabore una regla específica para los padres, ya que no es su tarea entrenarlos al respecto. Usted debe determinar con anticipación si va a aceptar a niños que todavía están usando pañales. De todas maneras, debe estar preparada para "accidentes" y contar, no sólo con los materiales necesarios para cambiarlos lejos del resto de los niños, sino también con la ayuda de alguien que vigile a los demás mientras se ocupa del "accidentado". ¡Nunca deje solos a los niños en edad de caminar!

Por último, recuerde que a esta edad los niños tienen un vocabulario limitado, aunque esto obviamente no refleja su habilidad de comprensión. La mejor manera de fomentar el lenguaje es con actividades que les hagan imitar palabras o sonidos de animales, y por medio de la música. Es difícil que estos niños sigan direcciones complejas, por lo tanto, trate de mantener sus juegos al nivel más simple e intercale suficiente descanso o actividades pasivas para evitar la sobre-estimulación.

Niños de edad pre-escolar (de 2 ½ a 5 años)

Si bien, en cuanto a espacio se ahorrará el de las cunas y corrales, si piensa cuidar a niños de edad pre-escolar, tendrá que planificar diferentes áreas de trabajo. Por ejemplo, un área de juegos en la que podría acomodar mesas y sillas, espacio para juguetes y materiales para manualidades, un televisor y/o estéreo, y un rinconcito de lectura con cojines y estantes para libros. También necesitará designar un área para las meriendas, preferiblemente fuera de la cocina donde abundan objetos peligrosos. Una opción sería poner una mesa grande de picnic afuera cuando el tiempo lo permita, y hacer la merienda en las mesitas de manualidades cuando haga mal tiempo. Por último, es importante designar un área específica para siestas con espacio para sacos de dormir y luces que puedan atenuarse. Este espacio podría ser dentro del área general, siempre y cuando no tenga que mover demasiadas cosas para desalojar el lugar.

Tenga en mente que a esta edad, el cambio de ambiente es importante, por eso debería considerar la opción de hacer las meriendas y actividades afuera cuando el tiempo lo permita. Recuerde también que tendrá que planificar su día con una variedad de actividades, ya que a esta edad los niños todavía no pueden mantener su atención durante períodos prolongados.

A esta edad, lo más importante es el desarrollo social del niño. Aquí es cuando comienzan a formarse amistades y aprenden a identificarse con aquellos a su alrededor. Según el Dr. Brazelton, lo esencial es que el niño se sienta importante y querido por aquellos a su alrededor. Por eso, tenga presente aplaudir y elogiar los logros y el buen comportamiento de cada niño. Es esencial que esta respuesta sea inmediata verbalmente y, de ser posible, hágala tangible para los padres (como, por ejemplo, con una estrellita de color que indique buen comportamiento o cooperación en la camiseta del niño).

Con este último grupo, usted tendrá más flexibilidad en cuanto a las actividades que puede incorporar a su programa. Aquí podría optar por actividades educativas que los preparen para el kindergarten y, de vez en cuando—con el consentimiento escrito de los padres y, preferiblemente, la compañía de algunos—podría llevarlos de visita a lugares cerca de su casa como la estación de bomberos y la oficina de correos. Es posible que, llamando con anticipación, estos lugares le faciliten una especie de visita guiada a su grupo, tanto para el deleite de los niños como del personal que allí trabaja.

Usted tiene la opción de decidir si incorpora o no elementos instructivos en su cuidado preescolar. Muchos expertos recomiendan a los padres que al evaluar un centro de cuidado infantil, se enfoquen más en la atención individualizada de los proveedores y si el programa dispone de tiempo para que los niños jueguen supervisados por adultos pero en situaciones no estructuradas. La razón por el énfasis en este último punto es que el juego no-estructurado entre niños de la misma edad promueve la imaginación y el desarrollo social de los niños. Una vez los niños comienzan la escuela hay cada vez menos oportunidades para este tipo de juego y experimentación. Tome esto en consideración al elaborar su plan de trabajo.

Grupos mixtos

Como ha visto en las descripciones anteriores, cada uno de estos tres grupos presenta sus retos específicos al igual que sus ventajas. Sin embargo, los retos se multiplican cuando se decide aceptar a niños de diferentes edades en el mismo entorno. A menos de que usted cuente con ayuda fiable durante el día, no debería considerar un grupo mixto que incluya bebés, debido a la cantidad de atención personal que necesitan y la imposibilidad de dejar solos a los niños en edad de caminar.

Usted podría considerar cuidar a un grupo mixto en el caso de que se trate de un grupo de hermanos, ya que están acostumbrados a estar juntos y a compartir la atención, siempre y cuando no tenga a otros niños a su cargo al mismo tiempo. Finalmente, las oficinas de licenciamiento tienen límites en cuanto a la cantidad máxima de niños de edades distintas por proveedor que se permite, lo cual le ayudará a determinar el número adecuado.

Si no puede tomar una decisión de inmediato, corra la voz de que está disponible para hacer "baby-sitting" o cuidar niños por unas horas ocasionalmente, mientras los padres salgan de compras o a hacer diligencias. Considere cuidar a varios niños de distintas edades al mismo tiempo para descubrir cuál es el grupo ideal para su personalidad, espacio y presupuesto.

Niños con necesidades especiales

Según la "Ley para personas con incapacidades" (ADA) los centros de cuidado para niños o casas de cuidado diurno (guarderías) no pueden excluir de sus servicios a niños por razón de incapacidad. La ADA requiere modificaciones factibles para la eliminación de barreras físicas—según los documentos de la ADA, "factible" quiere decir que puede lograrse con facilidad y sin mucha dificultad o gasto. La ADA no provee fondos para la implementación de estas modificaciones. Sin embargo, los centros de cuidado o guarderías pueden ser elegibles para una deducción de impuesto por eliminar barreras físicas y en la transportación para personas con incapacidades (Sección 26, Código de Impuestos Internos, Sección 190 y Sección 44). Para más información, refiérase a la página de recursos en español de ADA para proveedores de cuidado infantil (Apéndice 3).

Tipos de cuidado y horarios

Bajo "cuidado infantil" se encuentran diversos tipos de servicio que comprenden desde el cuidado más básico "babysitting" hasta enseñanza pre-escolar y pos-escolar. Una vez que haya determinado el grupo al que se quiere dedicar (bebés, niños pequeños, pre-escolares o pos-escolares) le será más fácil tomar una decisión sobre el tipo de cuidado a ofrecer, lo cual a su vez determina si debe optar por un horario fijo o flexible.

Cuidado básico

Por cuidado básico se entiende el ofrecer servicios elementales de guardería, es decir, cuidar a un grupo pequeño de niños, asegurándose de alimentarlos y ponerlos a descansar a las horas determinadas, y de supervisar sus actividades—no estructuradas por usted. Para este tipo de cuidado, puedes optar por un horario flexible, dictado por las necesidades de los padres al igual que las suyas.

Un horario flexible tiene sus ventajas y desventajas. Evidentemente, usted tendrá la opción de aceptar o no un compromiso de cuidado a razón de semana por semana. Podría también determinar su agenda de cuidado varios días por adelantado. Sin embargo, la regla de una semana de anticipación suele funcionar bien tanto para los padres como para el proveedor.

Se trata de un arreglo casual, pero no por esto quiere decir que no debe estipular un reglamento por escrito (refiérase al capítulo 4) lo cual es siempre una buena idea. Para este tipo de arreglo es imprescindible poner todos sus compromisos por escrito en un mismo calendario, marcando con tinta de un color contrastante los compromisos de cuidado infantil. En cuanto a contabilidad, ya que cada visita de cuidado puede tener horas específicas, debe mantener una buena constancia de los nombres, fechas, horas, y cobros (los cuales deben ser el mismo día de servicio).

Grupo de juego o "El día libre de mamá"

Dentro de las opciones más ligeras de cuidado infantil están los "grupos de juego" (playgroups) y los llamados "el día libre de mamá" (Mother's Day Out) para niños de dos años de edad en adelante. Estos grupos de cuidado se caracterizan por reunir a niños de la misma edad de manera informal, para juego libre supervisado, varias veces a la semana y durante horas limitadas. Ambas alternativas son mucho más flexibles que el cuidado infantil a tiempo completo, no sólo en cuanto a horario, sino también en estructura y participación de los padres.

En los "grupos de juego", por lo general, los padres tienen la opción de participar si así lo desean, ya que el propósito principal no es el cuidado en sí sino que los niños adquieran destrezas sociales, jugando y compartiendo entre sí. Estos grupos suelen organizarse como cooperativas entre los padres, donde cada semana se reúnen en una casa diferente y los padres se turnan la supervisión. Sin embargo, puedes establecer este tipo de servicio limitado como negocio desde su casa, ofreciendo—si el espacio lo permite—la opción de que los padres participen o no.

El "Día libre de mamá" opera también durante horas limitadas, no todos los días, pero sí uno o varios días *fijos* durante la semana. Según algunas personas, este tipo de servicio es simplemente un "grupo de juego" diseñado para ganancia particular. Sin embargo, el "Día libre de mamá" a menudo incluye algún componente educativo ligero, manualidades, o actividades que lo diferencian del "grupo de juego" regular. Como el nombre implica, la mayoría de estos lugares no cuentan con la participación de los padres, pero sí pueden estar abiertos a la visita o participación ocasional. Este tipo de servicio atrae a madres que no trabajan a tiempo completo y pueden utilizar estas horas de cuidado para sus necesidades personales o profesionales; a madres con bebés pequeños y niños pre-escolares; y a familias de un sólo hijo o que viven alejadas de otros niños de su edad.

Pre-escolar / educacional

Este tipo de servicio de cuidado implica un componente de actividades estructuradas con énfasis educativo. El énfasis suele ser proveer una introducción al mundo escolar, manteniendo un buen equilibrio entre actividades educativas y tiempo de juego no-estructurado. En este tipo de servicio, los niños adquieren destrezas importantes para la escuela, como aprender a prestar atención, seguir direcciones y participar en actividades de grupo, al igual que destrezas de desarrollo social como compartir y relacionarse con otros niños de su edad.

Las horas de este tipo de cuidado son fijas y, por lo general, operan días laborales (de lunes a viernes). Los proveedores tienden a seguir un calendario diario de trabajo y actividades para que los niños se acostumbren a una cierta rutina. De igual manera, los almuerzos y meriendas están especificados por adelantado (por lo general con calendarios semanales que se les pasan a los padres) y las actividades especiales se planifican con bastante anticipación para asegurar permisos y participación de los padres, si lo desean.

Después de la escuela

Este tipo de programa está diseñado para niños de edad escolar que necesitan ser supervisados después de la escuela hasta que los padres salgan del trabajo. Por consecuencia, el horario de trabajo es más corto que el de programas pre-escolares o de cuidado que operan durante horas laborales y no requiere la preparación tan intensa de los otros programas.

Usted puede ofrecer servicios de transporte de la escuela a su casa por un cargo adicional—lo cual debe consultarle a su agente de seguros—o hacer que los padres provean el transporte después de la escuela. De todas maneras. es recomendable que estipule un horario fijo en su reglamento incial, ya que a menudo los niños tienen actividades después de clases o por razones de tráfico o compromisos de los padres pueden demorarse más de la cuenta en el trayecto. Obviamente, si usted ha separado ese tiempo específicamente para el cuidado de los niños, debe cobrar por esas horas, estén presentes los niños o no.

En este tipo de programa, por lo general se ofrece una merienda ligera al llegar, y el resto del tiempo se divide entre descanso (siesta o actividad pasiva de lectura o televisión) y hacer las tareas escolares. Puedes optar por ofrecer una actividad adicional, como por ejemplo clases de idioma, manualidades, cocina, o ir a la biblioteca una o dos veces por semana para romper la rutina. Recuerde que siempre que saque a los niños fuera de la casa necesita un permiso escrito de los padres. Por lo tanto, si las salidas van a ser una parte formal de su programa—por ejemplo: todos los martes visitas a la biblioteca y todos los jueves visitas al parque—incluya el permiso para estas salidas en la hoja inicial de consentimiento (refiérase al capítulo 4).

Horarios no tradicionales

Otra opción atractiva para muchos padres que trabajan turnos fuera de las tradicionales horas laborales es ofrecer servicio de cuidado durante horas no-tradicionales. Al personal de turno nocturno en hospitales, aeropuertos y fábricas se les dificulta conseguir cuidado para sus niños durante esas horas. Muchas familias de un solo padre optan por la difícil y peligrosa decisión de dejar a los niños solos en la casa mientras ellos trabajan. Al ofrecer servicios de cuidado durante estas horas, prestaría un servicio en gran demanda y podría cobrar más por esta misma escasez de opciones.

La ventaja de un horario nocturno es que requiere poca preparación en cuanto a actividades ya que, en la mayoría de los casos, este tipo de servicio sólo ofrece una merienda ligera y un período de actividad pasiva antes de acostarse. Sin embargo, necesitaría contar con un espacio adecuado para dormir. Como no se trata de siestas, sino del descanso principal de estos niños, necesitaría proveer camas (o literas) con colchones en buena condición y ropa de cama limpia para cada niño. También deberá limitar sus actividades y las de su familia para que el ruido no interfiera con el descanso de los niños.

Entre sus retos estará el fijar una hora específica para acostarlos y hacer que los niños la respeten (para lo cual un monitor de bebés le resultaría útil). Este horario no quiere decir que tenga que permanecer en vela toda la noche mientras los niños duermen, pero sí debe asegurarse de que podrá despertarse fácilmente y responder efectivamente en caso de enfermedad o emergencia.

Días festivos y vacaciones

Aunque haya especificado en su reglamento inicial su horario, días de vacaciones, y días festivos, de vez en cuando podría ofrecer cuidado durante horas o días no-tradicionales como medida de agradecimiento o por un pago adicional. Por ejemplo, podría operar unas horas en la noche o un sábado durante la época navideña para que los padres puedan ir de compras. Esto lo podría anunciar por escrito con una o dos semanas de anticipación para que los padres puedan planificar—y le notifiquen por adelantado.

El nombre de su guardería

Después de decidir el tipo de servicio que va a prestar y las edades a las cuales va a dedicar su negocio, escoja un nombre que refleje una de estas o ambas características. Por ejemplo, "Guardería Luisa" no aporta ninguna información a su cliente sobre el tipo de servicio que ofrece. En cambio, "Jardín de bebés" ya establece un poco mejor las edades de cuidado. Esta información la puede precisar en un subnombre, es decir, en una frase que dé información más específica sobre su negocio. Por ejemplo: "Guardería Luisa: cuidado pre-escolar diario" ofrece mucha más información que el mero nombre del proveedor de servicios.

Lo esencial

✓ Establecer a qué grupo quiere cuidar: ¿bebés, niños pequeños de edad de caminar, pre-escolares o grupos mixtos?

✓ Decidir si va a aceptar niños con necesidades especiales o niños que todavía no estan entrenados para ir al baño por su cuenta.

✓ Determinar el tipo de cuidado que quiere ofrecer ¿estructurado vs. libre?

✓ Establecer su horario de trabajo (¿fijo o flexible? ¿días laborales o varios días a la semana? ¿diurno o nocturno?)

✓ Planificar su horario de vacaciones y los días festivos que no operará.

✓ Elegir un nombre que refleje el tipo de cuidado y edades a las que va a dirigir sus servicios.

CAPÍTULO 3

INVESTIGACIÓN Y PREPARATIVOS

Requisitos de licenciamiento

Después de determinar si usted cuenta con la personalidad y el espacio necesario para este tipo de empresa y tomar la decisión de qué edades y tipo de cuidado quiere ofrecer, el tercer paso es investigar los requisitos de licenciamiento en su ciudad, condado, y estado. En la mayoría de los estados es ilegal operar una guardería en el hogar sin licencia, aunque estas leyes varían de estado a estado y tienen requisitos diferentes. Por ejemplo, en algunas parte de California es posible operar sin licencia siempre y cuando los niños a su cuidado sean familiares o se trate de una cooperativa de padres, mientras que en Illinois se puede operar sin licencia siempre cuando el cuidado sea de no más de tres niños, incluyendo a los hijos del proveedor. Recuerde que estas reglas tienden a cambiar a menudo. Manténgase al tanto de las mismas.

Aunque la industria de cuidado infantil está bastante regulada por oficinas gubernamentales, estas reglas no sólo varían de estado a estado sino también en su rigor, desde recomendaciones ligeras hasta leyes con penalidades de cárcel. No aplace el informarse sobre estos requisitos. El operar sin licencia podría costarle una multa calculada por día que operó sin la misma y/o encarcelamiento.

Por lo tanto, la primera llamada o visita de internet que haga debe ser a su oficina estatal de licenciamiento (refiérase al Apéndice 1, si la información ha cambiado, comuníquese con la NCCAIC, en el Apéndice 2). Esta oficina le informará sus responsabilidades y el proceso de licenciamiento específico para su área y según el tipo de cuidado que va a ofrecer. Por lo general, el proceso de licenciamiento consiste de una orientación personal o de grupo, o por medio de material impreso; presentación de solicitud; inspección de seguridad del espacio; y proceso de recomendaciones y revisión.

En algunos casos, el proceso de licenciamiento puede incluir cursos breves de educación infantil, primeros auxilios y resucitación cardio-pulmonar (CPR). Aún cuando estos cursos no sean requeridos por su oficina de licenciamiento, es una buena idea tomarlos ya que le ayudarán a establecer un plan de trabajo eficaz y estará preparada para cualquier emergencia que pueda surgir. Puede informarse en la misma oficina de licenciamiento sobre lugares que ofrezcan estos cursos, o pregunte en su biblioteca local sobre programas de educación continuada en su área. Para entrenamiento de primeros auxilios y CPR, comuníquese con la oficina local de la Cruz Roja Americana (Apéndice 3). Asegúrese de que el entrenamiento de primeros auxilios que reciba sea específico para niños de la edad que va a cuidar ya que éstos varían de bebés a niños que caminan.

Otro requisito común durante el proceso de licenciamiento es la investigación de sus antecedentes penales en el Sistema de Rastreo Contra el Abuso y Negligencia de Niños (Child Abuse and Neglect tracking System o CANTS) y en el Registro de Delincuentes Sexuales del estado (Statewide Sex Offenders Registry). Aún si su estado no requiere este tipo de investigación, es recomendable obtener un certificado de buena conducta del departamento de policía. En muchas localidades, ésto toma la forma de un documento que refleja que no tienes antecedentes penales. Para obtenerlo, vaya a su departamento de policía local en persona y pídale al encargado del registro que haga una búsqueda de antecedentes penales bajo su nombre y le provea un documento certificando que en el registro policíaco no hay constancia de los mismos.

Referencias

Otra recomendación importante es recoger una lista fiable de personas que le puedan servir de referencia. Este aspecto encabeza la lista de requisitos de los padres al evaluar las opciones de cuidado para sus hijos. Asegúrese de que figuren personas que la conozcan en distintas capacidades, por ejemplo, el sacerdote o ministro de su iglesia, un profesor o jefe de trabajo, y un amigo o vecino. Comuníquele a estas personas su intención de nombrarles como referencia para su negocio y, de ser posible, pídales una carta de recomendación que les pueda facilitar a los padres que la pidan. Tenga o no esta carta, imprima su lista en una hoja bajo el encabezamiento de "referencias" incluyendo el nombre completo de cada persona, su dirección, teléfono (y si estas personas le han dado permiso) su dirección de correo electrónico para que los padres puedan comunicarse con ellos directamente.

Recursos de planificación

Una vez tenga adelantado el procedimiento de licenciamiento, debe informarse sobre cómo operan otros centros familiares de cuidado infantil. La oficina de licenciamiento y su biblioteca publica pueden proveerle referencias de guarderías y centros de cuidado en su área, o puede referirse directamente a las páginas amarillas de la guía telefónica. Haga una lista de preguntas y llame por teléfono. Recuerde que los proveedores de cuidado infantil están acostumbrados a contestar todo tipo de preguntas ya que los padres no suelen tomar una decisión tan importante a la ligera. Estas preguntas le darán una perspectiva diferente ya que los proveedores de cuidado le tratarán como un posible cliente y usted, en cambio, podrá tener una mejor idea de cómo responder a las preguntas de los padres una vez establezca su negocio.

A continuación le ofrecemos una lista de preguntas básicas a la cual puede añadir las suyas. Sería útil sacar una fotocopia de la lista por cada lugar que llame para que le sirva de registro y así podrá evaluar adecuadamente su competencia y las prácticas comunes de esta empresa.

Preguntas para proveedores de cuidado infantil

Nombre de la guardería:

Número de teléfono:

Fecha de la llamada / visita:

✓ ¿Qué tipo de servicio ofrece? ¿Para qué edad(es)?
✓ ¿Opera bajo un horario fijo o flexible?
✓ ¿Cuánto cobra y con cuánta frecuencia / anticipación?
✓ ¿Cuál es la práctica en cuanto a pagos por ausencia? ¿Vacaciones?
✓ ¿Desde hace cuándo opera?
✓ ¿Bajo qué licencias opera?
✓ ¿Tiene certificado de buena conducta y/o referencias?
✓ ¿Tiene su reglamento o prácticas por escrito? ¿Le podrían enviar una copia para revisarlo detenidamente?
✓ ¿Cuándo podría visitar el lugar? ¿Durante horas laborales o no?

Organizaciones profesionales

Aunque es esencial averiguar qué servicios se ofrecen en su comunidad, no debe limitarse geográficamente durante su investigación. Las organizaciones profesionales que aparecen en el

Apéndice 2 ofrecen una variedad de recursos informativos gratuitos sobre cómo operar un centro de cuidado infantil. Muchos de éstos incluyen información específica para servicios familiares de cuidado infantil, actividades para espacios limitados, y respuestas a preocupaciones legales, entre otros. Visite los sitios de red de estas organizaciones e inscríbase para recibir información periódica por correo electrónico o regular.

Muchas de estas organizaciones también ofrecen beneficios de grupo, como planes de seguro y cabildeo que valen mucho más que el costo de la cuota anual. Obtenga una lista de dichos beneficios para comparar, y asegúrese de que la organización cuente con recursos en español, tanto por impreso como por teléfono, si los necesita.

Estas organizaciones resultan invaluables en ayudarle a crear una red de conexiones profesionales y de clientela. Muchas de ellas actúan como directorios de servicio de cuidado infantil, ofreciéndoles a los padres información de contacto para dichos servicios en su localidad. Asegúrese de sacar promedio de esto, incribiéndose como proveedor y recalcando aquellas cualidades que diferencian sus servicios de los otros (por ejemplo: cuidado infantil bilingüe o en español; horario nocturno; o servicio los fines de semana). También puede anotar en su lista de referencias y preparación que pertenece a una o varias organizaciones profesionales, lo cual les demuestra a los padres que usted está dedicada a los diversos aspectos de su trabajo. Por último, recuerde que las cuotas para miembros de organizaciones profesionales son deducibles de sus impuestos y, por lo tanto, es importante que guarde todos sus recibos y comprobantes de cheque.

Programas de ayuda

Hay una gran variedad de programas estatales y federales que le pueden ayudar a lanzar su propio negocio (vea Apéndices 2 y 3). Como un primer paso al investigar estos programas debe visitar a su oficina local de la Agencia Federal Para el Desarrollo de la Pequeña Empresa (US Small Business Administration—SBA). Esta agencia provee consejería a individuos que desean iniciar un negocio pequeño, y le pueden informar sobre programas y recursos específicos a su empresa. También pregúntele a su oficial de licenciamiento qué programas y recursos de ayuda hay disponibles, ya que éstos varían, y las oficinas de licenciamiento estarán entre las primeras en enterarse de los cambios.

Uno de los programas más importantes es el de Cuidado y Nutrición de Niños y Adultos (Child and Adult Care Food Program—CACFP) que ofrece reembolso parcial o total del costo de comidas y meriendas a facilidades de cuidado infantil o de adultos. Comuníquese con la oficina central del programa (Apéndice 2) para obtener los requisitos de aptitud y reembolso.

También existen programas locales y estatales para el subsidio de cuidado infantil (Child Care Subsidy Programs). Estos programas proporcionan fondos para que las familias de bajos ingresos puedan enviar a sus hijos a guarderías o centros de cuidado infantil mientras trabajan o reciben entrenamiento profesional. Averigüe si este tipo de programa está disponible en su comunidad ya que, por lo general, tanto los padres de familia como el proveedor de cuidado deben llenar la solicitud Además, este tipo de programa le permitiría acceso a una clientela que probablemente no puede pagar por servicios de cuidado infantil.

Información impresa y en la red

Existe una gran variedad de información impresa sobre cómo operar una guardería, desde guías específicas como ésta hasta los innumerables manuales de cómo operar una empresa pequeña desde la comodidad de su hogar. Aunque hemos tratado de incluirle la información que necesita para abrir y operar su negocio, recuerde que ninguna guía puede cubrirlo todo en detalle. Las guías para pequeñas empresas le informarán en más detalle sobre el proceso de contabilidad y las responsabilidades fiscales de su negocio, sistemas de organización como archivos computarizados e impresos, administración de tiempo, y tareas rutinarias de oficina. También abundan los libros y revistas dedicados al cuidado y educación infantil (refiérase al Apéndice 4). Estas publicaciones ofrecen un caudal de ideas en cuanto a actividades educacionales y recreativas, manualidades, meriendas nutritivas, ejercicios apropiados para las distintas edades, información de salud y desarrollo, y asuntos de interés actual. Subscríbase a sus revistas o publicaciones favoritas, recordando que el costo de la subscripción así como el de libros de referencia, se consideran gastos profesionales y, por lo tanto, los puede deducir de sus impuestos.

Otro tipo de guía que debe consultar durante su investigación es un libro de referencia pediátrica para informarse y refrescar sus conocimientos de primeros auxilios, enfermedades comunes en la niñez y etapas de desarrollo. Después de examinar varios títulos, invierta en uno que sea específico para la edad del grupo de niños que va a cuidar, y de esta manera siempre tendrá una referencia rápida y confiable al alcance de la mano.

Seguros

Durante esta fase de su investigación, saque una cita con su agente de seguros—y si no tiene uno, encuentre a alguien que tenga el tiempo y la capacidad para contestarle todas sus preguntas en su idioma y a su nivel. Invierta en esta relación ya que su agente de seguros podrá ahorrarle una considerable suma de dinero en pólizas e innumerables dolores de cabeza en situaciones de emergencia.

Explíquele a su agente el tipo de negocio que va a operar. El ó ella le hará preguntas específicas sobre su horario de trabajo; edades y número de niños a su cuidado; su espacio de trabajo; número, edad y hábitos de las personas que viven en su casa; etcétera. Por lo tanto, es importante que haya determinado de antemano estos aspectos de su negocio y tenga las respuestas listas para su entrevista. No se olvide de mencionar que ha completado o está en proceso de completar, el licenciamiento para su negocio y cualquier tipo de entrenamiento que esté tomando ya que, a menudo, estos aspectos podrían significar descuentos en su póliza.

Recuerde que su póliza regular de propietario (homeowner's policy) no le cubre si una persona sufre un accidente en su propiedad mientras opera un negocio desde la misma. Su agente de seguros le indicará qué tipo(s) de póliza necesitará para operar su negocio. Aunque seguramente se le explicará el tipo de cobertura que se ofrece, es recomendable que vaya preparada con una lista de preguntas al respecto. Por último, si desea comparar precios de pólizas en distintas compañías, asegúrese de anotar el costo y beneficios de cada una, y de investigar la reputación de la aseguradora. Una búsqueda en la red bajo "customer service / complaints" (servicio al cliente/quejas) y el nombre de la compañía, le dará una idea de lo que puede esperar.

Preguntas para su agente de seguros:

✓ ¿Qué tipos de pólizas ofrecen para negocios desde el hogar?

✓ ¿Qué cubren?

✓ ¿Qué opciones tengo en cuanto a seguro contra terceros ("liability insurance")?

✓ ¿En qué difiere esta cobertura de la de pólizas contra cargos de negligencia ("public risk" o "professional liability insurance")?

✓ ¿Necesito una póliza separada contra incendios y/o desastres naturales?

✓ ¿Cuáles son los beneficios vs. el costo de seguro en caso de incapacidad personal ("disability") y protección de ingresos ("income protection insurance")?

✓ ¿Ofrecen pólizas de seguro médico? ¿Seguro de vida?

✓ ¿Hay descuentos para un grupo de pólizas (por ejemplo, combinar póliza de automóvil, hogar y negocio)?

✓ ¿Cada cuánto se paga la prima—trimestral, dos veces al año, anual? ¿Hay descuentos por pagar anualmente?

Contabilidad

También es esencial que saque una cita con un contable lo antes posible y se asegure de que esté certificado como tal. No se fíe de personas que preparan planillas bajo el título de contable público (P.A.) sin certificación, pues aunque le resulte inicialmente más económico, un contable público certificado (C.P.A.) estará mejor preparado para servir las necesidades específicas de su negocio y terminará ahorrándole mucho más dinero que el de su cuota inicial.

Le resultará más eficaz buscar consejería de contabilidad antes de comenzar su negocio que después. Su contable le explicará cuál es la estructura de impuestos más económica para su negocio y qué tipo de gastos puede deducir de sus ingresos. Asegúrese de preguntar cuál es la mejor manera de organizar sus archivos, qué documentos debe guardar y por cuánto tiempo. Algunos contables insisten en que las planillas de impuestos y los documentos que las respaldan deben guardarse por un mínimo de seis años.

Pídale una lista de los gastos que puede deducir de sus ingresos. Le sorprenderá la cantidad de gastos que califican, pero pregunte cómo se justifican para calificar. Por ejemplo, para poder deducir una parte de su hipoteca como gasto de negocio, debe determinar qué área de su hogar utiliza específicamente para su negocio y no en actividades compartidas. Su contador le puede explicar cómo determinar este porcentaje. Si sus servicios incluyen cualquier tipo de transporte, debe mantener constancia del millaje recorrido y la fecha de cada una de estas salidas. La manera más eficaz de mantener constancia del millaje es mediante un cuaderno de millaje (mile log) que debe dejar en su automóvil, aunque también tiene la opción de llevar constancia electrónica en su organizador digital (P.D.A.).

Las deducciones de gastos de su negocio caen bajo dos categorías: completa y parcial. La primera especifica gastos completos como materiales para actividades, comida, gastos de educación (seminarios, subscripciones de materiales educativos, etc.) gastos de viaje para excursiones, millaje, decoraciones para fiestas de cumpleaños o fin de curso, y demás. La segunda categoría incluye gastos que son compartidos entre el negocio y el hogar. Este tipo de deducción toma en cuenta la depreciación de equipo utilizado parcialmente en el negocio (como computadoras, televisores, y otros) y el porcentaje de tiempo que corresponde a su uso en el negocio versus el uso familiar.

Preguntas para su contador

✓ ¿Qué sistema debo usar para llevar constancia de los gastos e ingresos de mi negocio? ¿Impreso o electrónico? ¿Bajo gasto, fecha, o ambos?

✓ ¿Qué gastos puedo deducir de mis ingresos?

✓ ¿Qué recibos debo guardar?

✓ ¿Cómo debo archivar mis recibos?

✓ ¿Cómo se determina qué parte de mi hipoteca puedo deducir bajo gastos de negocio? ¿de gastos de electricidad, agua, gas y/o recogida de basura?

✓ ¿Cómo debo llevar constancia del millaje usado en viajes de negocio?

✓ ¿Cada cuánto debo rendir planilla de impuestos? ¿Trimestral o anualmente?

Cuentas bancarias y archivo de gastos

Otra estrategia útil para la contabilidad de su negocio es mantener una cuenta bancaria exclusivamente para su negocio. Algunas personas optan por una tarjeta de crédito separada para los gastos del negocio, aunque si archiva sus recibos efectivamente, no es indispensable. Infórmese de los sistemas de archivo electrónico que su banco ofrece ya que, en caso de que se le olvide de anotar alguna transacción, éstos le pueden ser de gran utilidad.

Explore las distintas opciones que tiene para llevar constancia de sus gastos e infórmese sobre qué documentos puede archivar electrónicamente y cuáles debe guardar en copia impresa. Recuerde que el pago de impuestos se basa en ganacias netas, es decir, ganancias a las cuales no se les han restado los gastos del negocio. Por lo tanto, mientras más detallados sean sus registros, más gastos podrá deducir al momento de rendir planilla.

En cualquier tienda de efectos de oficina encontrará una gran variedad de estilos en cuanto a cuadernos de contabilidad para establecer su sistema. Infórmese también sobre las opciones electrónicas ya que hay en el mercado una enorme variedad de programas de contabilidad y constancia de gastos y ganancias.

Al elegir entre un sistema escrito y uno electrónico, considere la facilidad de acceso y su comodidad al operarlo. Si los sistemas electrónicos le parecen demasiado complejos o si le lleva más tiempo sentarse a la computadora para anotar sus gastos, opte por un sistema escrito.

Igualmente importante es elegir el sistema de organización de sus gastos. Puede optar por archivarlos bajo el tipo de gasto (por ejemplo: efectos de oficina, correo, etc.), bajo tiempo (semanal o mensualmente), o ambos. Lo importante es ser constante en su sistema, ya que esto le ahorrará tiempo y trabajo para cuando se prepare para rendir la planilla.

Archivo de documentos importantes

Además de sus archivos de contabilidad, debe mantener constancia diaria de las actividades de su negocio. Sea en un cuaderno o electrónicamente, todos los días que opere su negocio, anote el nombre de cada niño bajo "asistencia" y al lado escriba cualquier cosa fuera de lo común (por ejemplo: lo vinieron a buscar antes de tiempo, tuvo tos severa, no almorzó, no durmió la siesta, algún accidente, etc.) Igualmente, deje espacio para notas positivas y de esta manera podrá informar a los padres sobre el progreso de sus niños al igual que asuntos de los cuales deben estar pendientes.

Este registro también le ayudará en caso de que los padres tengan alguna pregunta sobre comportamiento o enfermedad. También, si algún niño presenta una enfermedad contagiosa podría alertar a los padres de aquellos presentes en los días de contagio.

Si su servicio de guardería es de horario flexible, además de su registro de asistencia, deberá mantener una hoja de registro diario para que los padres llenen al momento de llegada. Esta debe incluir el nombre del niño, hora de llegada, teléfono de contacto durante horas de cuidado, hora de regreso, e instrucciones especiales de cuidado para ese día.

En el registro de asistencia, lleve constancia de las actividades y comidas de cada día. Esto le ayudará a planificar semanas balanceadas en cuanto a dieta y recreo, y si alguna vez no se le ocurren actividades para la semana, podrá referirse a su registro para ideas.

Además de su registro de asistencia, debe tener una ficha por niño en su archivo. En este expediente debe colocar la información esencial de cada niño, su hoja de registro, contrato, información médica o de comportamiento, permisos y autorizaciones, al igual que información de pagos y cualquier otro documento que estime importante.

Establezca también un archivo de referencia o carpeta donde guardar instrucciones de actividades infantiles, menús y recetas, y lugares y horarios para excursiones. Este es también el lugar ideal para sus recortes de revistas y periódicos sobre ideas de decoración, manualidades, canciones infantiles, y otras actividades que le puedan servir de inspiración para su currículo.

Guarde los documentos más importantes de su negocio en un lugar seguro, idealmente en un archivo a prueba de fuego. Además de las fichas individuales de los niños, debe incluir todo tipo de licencias, pólizas de seguro, certificados, contratos y permisos locales y estatales, planillas de impuestos, facturas y recibos. Recuerde que programas como el de reembolso de Nutrición para Niños y Adultos (CACFP) requieren archivos separados con información específica. Guarde copia de todo anuncio o correspondencia enviada a los padres (bajo "correspondencia general") y toda nota que ellos le envíen a usted (en la ficha personal de cada niño). Guarde también copias de su material de publicidad, incluyendo cartas y folletos de presentación para ser revisados en el futuro. Finalmente, rotule cada sección apropiadamente y asegúrese de archivar sus documentos a diario o semanalmente. Recuerde que la información de sus clientes es confidencial. Si otras personas tienen acceso al área de trabajo, mantenga sus archivos bajo llave.

Lo esencial

✓ Póngase en contacto con su oficina local de licenciamiento y obtenga una lista de los requisitos.

✓ Establezca un calendario para cumplir con los requisitos de licenciamiento (cursos, permisos, evaluaciones, etc). y calcule el tiempo que le tomará reunirlos.

✓ Haga una lista de referencias personales y profesionales.

✓ Llame y visite guarderías y centros de cuidado infantil en su área.

✓ Infórmese sobre programas de ayuda y recursos disponibles por medio de organizaciones profesionales y en la red.

✓ Saque una cita con su agente de seguros para discutir las opciones de póliza y cobertura.

✓ Saque una cita con su contabilista para discutir estrategias de impuestos y sistemas de organización para registro de gastos e ingresos.

✓ Decida un sistema de registro y archivo y sea constante en su uso.

CAPÍTULO 4

CÓMO FORMULAR SU REGLAMENTO

DESPUÉS DE HABER CONSEGUIDO las licencias y permisos necesarios para abrir y operar su guardería, el próximo paso—aún antes de anunciarle al mundo que su negocio está listo—es formular un reglamento. Este documento le ayudará a usted y a sus clientes a tener una idea más clara de las responsabilidades de cada cual y a mantener una relación cordial y profesional. De igual manera, el tener un documento que describa las reglas y prácticas de su negocio por escrito le ahorrará la dificultad de formular respuestas a preguntas inesperadas y/o incómodas sobre su operación.

Legalmente, este documento no es un contrato, sino una lista de sus prácticas de operación. Una vez haya esbozado su reglamento, consulte a un abogado para que le aclare sus derechos y responsabilidades legales al igual que los de sus clientes.

Pagos y cargos adicionales

Primero debe establecer cuánto va a cobrar por niño y con cuánta frecuencia. La mayoría de las guarderías y centros de cuidado infantil cobran sus cuotas de matrícula semanalmente con una suma establecida por adelantado. Este adelanto le sirvirá de garantía en caso de que el niño deje de asistir sin aviso previo. Por lo general, el pago por adelantado equivale a la cuota de una o dos semanas.

Cuánto cobrar

Usted tendrá una idea mucho más clara de cuánto cobrar después de haber investigado lo que otras guarderías en su área cobran por sus servicios. Sin embargo, antes de fijar su cuota semanal por niño, es preciso que hagan un inventario de sus costos de funcionamiento y del sueldo que quiere recibir por sus servicios.

Primeramente, haga una evaluación de sus gastos de operación, manteniéndolos separados de los gastos de su familia. Por ejemplo, usando el porcentaje que acordó con su contable equivalente al espacio profesional de su casa, calcule la porción de su alquiler o hipoteca correspondiente. Use este mismo porcentaje para estimar los gastos de electricidad, agua y gas—habiéndolos ajustado a un uso mayor.

Prepare un menú de ejemplo para una semana o un mes, y calcule el costo de los alimentos durante este periodo. Asegúrese de no incluir en la ecuación este gasto completo si va a participar en algún otro programa de reembolso de alimentos. Añada a esta lista los gastos de mobiliario, equipo y mantenimiento, cuotas de licenciamiento, seguro y gastos estimados de materiales para actividades y visitas o paseos.

Después de haber enumerado sus gastos estimados, asegúrese de que la cantidad corresponde al período de un año (por ejemplo, multiplicando los pagos mensuales estimados por 12).

El segundo paso es determinar su propio salario. Sea realista en este paso y comience con una cifra por lo bajo. (Por ejemplo, ¿estaría satisfecha con ganar $7 la hora?) Multiplique esta cifra por el número de horas que operaría durante la semana. Suponiendo que trabaje 8 horas diarias de lunes a viernes, serían 40 horas semanales. $7 multiplicado por 40= $280, multiplicado por el número de semanas al año que quiera operar. Suponiendo que trabaje 50 semanas, dejando 2 semanas para vacaciones, la suma sería de $14,000 al año.

A esta cantidad, añádale el estimado anual de sus gastos de operación. Si, por ejemplo, este último equivale a $12,000, su costo total de operación sería de $26,000.

Divida esta suma entre el número de semanas de trabajo al año (que en este ejemplo serían 50, llevando el costo de operación semanal a $520) y divida esta cifra entre el número de niños que quiera cuidar para obtener lo que debe cobrar por niño para cubrir gastos y salario. Si, por ejemplo, quisiera cuidar a 5 niños (sin incluir a los propios), según este ejemplo, tendría que cobrar $104 semanales por niño.

Trabaje con esta fórmula hasta que encuentre una cifra satisfactoria. Y recuerde que ésta es una ecuación rudimentaria designada para darle una idea de cuánto cobrar y, por lo tanto, no se toma en consideración el pago de impuestos. Para una mejor aproximación, consulte a su contable.

Ecuación para determinar cuánto cobrar semanalmente por niño:

1. Calcule sus gastos mensuales y multiplique por 12 (estimado anual de gastos de operación—cifra A).

2. Determine el salario por hora que quiere recibir por sus servicios y multiplíquelo por las horas diarias de trabajo (salario diario), y esta suma por el número de días a la semana. Multiplique la cifra de su salario semanal por el número de semanas que operará al año (éste sera su salario anual—cifra B).

3. Sume las cifras A y B (éste es su costo estimado total de operación anual—cifra C).

4. Divida la cifra C por el número de semanas de trabajo (éste es su costo de operación semanal—cifra D).

5. Divida la cifra D entre el número de niños que quiere cuidar.

El resultado es lo que debe cobrar semanalmente por niño para cubrir sus gastos de operación y salario.

Su reglamento debe especificar claramente su cuota de servicio y toda otra información referente a los pagos esperados y servicios a rendirse. Considere si va a ofrecer descuentos por grupo de hermanos y especifíquelo en su reglamento, al igual que las multas por el retraso de pagos, cheques sin fondo, o incumplimiento de horario. El cargo por retraso de pagos debe especificarse en el contrato justo al lado de la fecha de pago, así los padres sabrán que habrá consecuencias por incumplimiento o retraso de los mismos. Dicho cargo debe incrementar a diario según la cantidad de días de tardanza y bajo ninguna manera se puede considerar como crédito para servicios futuros.

Especifique también su cargo por recibir cheques sin fondo—de $25 en adelante—ya que éstos le presentarán multas de parte de su institución bancaria y un tiempo de trámite considerable. Recuerde que un cheque sin fondo equivale a no-pago y, por lo tanto, debe cobrar cargos por retraso de pago además de su cuota por cheque sin fondo. Después de dos incidentes de cheques sin fondo, considere exigir pagos en efectivo de ese cliente.

Más adelante en su reglamento especificará su horario de trabajo y calendario, las multas por incumplimiento de horario deben aparecer en la sección de pagos. Muchas guarderías establecen una cuota adicional por cada cinco minutos que los padres lleguen tarde a recoger a sus niños. Esta práctica garantizará que los padres se esfuercen por recoger a sus niños a tiempo y le proveerá ingreso adicional por la molestia de extender ocasionalmente sus horas de trabajo. A veces los padres pueden retrasarse por cuestiones de negocios y en ese momento toman en consideración el costo de servicio adicional versus la posible ganancia de su trabajo. Si algún padre llega consistentemente tarde a recoger a su hijo, aún pagando las cuotas por incumplimiento de horario, y esta situación le resulta incómoda, no dude en terminar su relación (pero asegúrese de especificarlo en su reglamento). De igual manera, si por alguna razón, usted tiene un compromiso poco después de su hora de cierre, comuníquele a los padres por adelantado que ese día usted no estará disponible para recogida tardía. Siempre habrá casos que meriten excepción, como accidentes automovilísticos o emergencias médicas. Guarde su período de gracia para estas situaciones y esté pendiente a aquellas personas que a menudo reporten "emergencias" para evitar cargos por incumplimiento de horario.

Mencione brevemente que habrá cuotas adicionales por servicios extra como actividades especiales y excursiones. Añada en estas cuotas, sus fechas de pago y las autorizaciones escritas correspondientes que se distribuirán con suficiente anticipación.

Por último, si va a ofrecer servicios de transporte, incluya su cuota en esta sección y añada que las restricciones y cargos especificados para la cuota semanal de cuidado también se aplican a la cuota de transporte.

Sección de pagos

✓ Cuota de inscripción (cantidad que se cobra por adelantado, a menudo equivalente a la cuota de una o dos semanas de servicio)

✓ Cuota de servicio semanal y descuentos por grupo de hermanos

✓ Fecha de pago

✓ Cargo diario por retraso de pago

✓ Cargo por cheques sin fondo, más cargos por retraso hasta que reciba su pago válido; después de dos incidentes, los pagos serán en efectivo

✓ Penalidades por incumplimiento de horario (cargos por plazo de cada 5 minutos de retraso después de la hora de cierre).

✓ Cargos adicionales y fechas límites se proveerán individualmente

✓ Cuota de transporte semanal (bajo las mismas restricciones que la cuota de servicio semanal)

Calendario y horas de trabajo

En esta sección de su reglamento se establecen los días y horas que permanecerá abierto su establecimiento, procedimiento de llegada y de partida, y sus prácticas en cuanto a ausencias, días festivos y vacaciones, enfermedad y emergencias.

Su horario de trabajo debe aparecer claramente en su reglamento. Asegúrese de recalcar a los padres que su horario no es flexible (a menos de que ése sea el tipo de servicio que ha optado por ofrecer). Considere poner una mesita en el área de recibimiento con un reloj y las hojas de registro diario. De este modo, los padres sabrán exactamente a qué hora dejan y recogen a sus niños y podrás hacer las anotaciones correspondientes al momento.

Procedimiento de llegada y partida

Su reglamento debe especificar las áreas determinadas para el estacionamiento durante la llegada y partida de los niños. Se le recomienda que marque estas áreas con rótulos o advierta personalmente a los padres para minimizar problemas con los vecinos. Informe a los padres que bajo ninguna circunstancia deben estacionarse en el espacio correspondiente a sus vecinos.

En esta sección también debe discutir las personas autorizadas para recoger a los niños. Recuerde que usted no podrá enviar al niño con ninguna persona—sea familiar o no—sin el consentimiento escrito de los padres. Pídales al momento de inscripción que designen a una persona (o personas) para que recoja a su niño en caso de emergencia. Asegúrese igualmente de pedir el nombre y número de teléfono de un contacto en caso de emergencia que no resida en la misma dirección que los padres.

El procedimiento de salida debe especificar nuevamente sus cargos por incumplimiento de horario—usualmente determinados por plazo de cada cinco minutos después de la hora de cierre. Por esta razón es una buena idea facilitar una hoja de registro diario—aún si su guardería es de horario fijo—para que los padres firmen junto a la hora de entrada y salida y así quede una constancia por escrito. En caso de que los padres le reclamen el cobro de cargos por incumplimiento de horario, usted los podrá referir a la hoja de registro diario.

Días festivos y vacaciones

Determine los días festivos que no trabaja su guardería y estipule en su reglamento que la cuota semanal no será afectada por el cierre de días festivos que caigan en días laborales. Al esbozar su calendario de apertura y cierre durante días festivos, puede guiarse por las fiestas federales cuya lista incluye el Día de Año Nuevo (1ro de enero), Día de Martin Luther King (3er lunes de enero), Día del Presidente (3er lunes de febrero), Memorial Day (último lunes de mayo), Día de Independencia (4 de julio), Día del Trabajo (1er lunes de septiembre), Día del Veterano (11 de noviembre), Día de Gracias (4to jueves de noviembre), y Día de Navidad (25 de diciembre).

Es importante que incluya en el calendario de apertura y cierre sus días de vacaciones. Establezca estas fechas por adelantado ya que resultará difícil tanto para usted como para los padres, hacer planes alternos con poca antelación.

En esta sección puede incluir también sus reglas en cuanto a las vacaciones de sus clientes. Si, por ejemplo, una familia se va de vacaciones durante más de una semana, usted debe estipular un porcentaje de su cuota semanal como pago para asegurar el puesto del niño a su regreso. Establezca un plazo de anticipación para recibir notificación de las vacaciones, ya que el no hacerlo resultaría en la cancelación de la cuota inicial de inscripción (recuerde que ésta actúa como depósito en caso de partida sin aviso previo).

Visitas durante horas de cuidado

Determine sus prácticas en cuanto a las visitas de los padres durante horas de cuidado regular. Hay guarderías y centros de cuidado cuyas puertas siempre están abiertas a los padres. Esta opción les resulta atractiva a muchos padres, sobretodo durante el período de transición los primeros días. En estos lugares a menudo se les da la oportunidad a los padres de participar en las actividades diarias de los niños de modo voluntario. Esta opción puede resultar agradable para los niños y refrescante para el proveedor de cuido. Sin embargo, otros establecimientos limitan el acceso de los padres durante horas regulares ya que estiman que la presencia de éstos puede interferir con las actividades planeadas durante el día y causar problemas de disciplina. Cualquiera que sea su decisión, debe especificarla en su reglamento.

En caso de enfermedad o emergencia

Su reglamento debe mencionar si acepta o no que niños enfermos asistan a la guardería. Aún si permitiera cuidarlos durante una enfermedad menor, recuerde que estaría arriesgando la salud de los otros niños al igual que la de su propia familia. Su reglamento debe especificar bajo qué condiciones no se debe enviar al niño a la guardería; por ejemplo, temperatura de más de 101 grados, vómito, diarrea, y a la primera señal de una enfermedad contagiosa como varicela o sarampión. Asegúrese de llevar cuenta de las ausencias por enfermedad en las fichas individuales de los niños.

Recuerde también que necesitará la autorización escrita de los padres para suministrar cualquier medicamento, incluyendo aquellos remedios rutinarios que se venden sin receta al igual que vitaminas y remedios caseros. Adjunte a su reglamento una hoja de autorización para el suministro de medicamentos para que los padres la llenen si así lo desean. Esta hoja debe establecer el nombre del niño, del medicamento, la dosis y frecuencia, la firma y fecha de los padres, y determinar un período de validez (por ejemplo, un mes de la fecha).

También, recuerde que al recibir a un niño enfermo necesitará más que nunca un número de contacto válido para los padres. Por esta razón, y por cualquier emergencia que se pueda presentar, es buena idea incluir un espacio para el número de contacto válido de ese día en su hoja de registro diario.

Mientras formula sus reglas y prácticas sobre estos asuntos, es importante que piense qué haría en caso de que usted o algún miembro de su familia se enferme. Recuerde que la seguridad de los niños es lo más importante. ¡Nunca la comprometa! En caso de enfermedad, comuníquese con los padres lo antes posible para que puedan hacer planes alternos y recuerde que debe deducir este cierre imprevisto de la cuota de la siguiente semana.

Este es también un buen momento para revisar lo que haría en caso de una emergencia o desastre natural. Formule un plan de acción y comuníqueselo a los padres. Por ejemplo, determine cuál sería la ruta de evacuación en una emergencia y el punto de encuentro para los padres.

Comidas y meriendas

En esta sección debe incluir el tipo de servicio de comida que facilitará durante las horas de cuidado. Si ha solicitado al programa de reembolso de CACFP, tendrá una idea más concreta de dicho servicio. De todas maneras, debe especificar cuántas comidas y/o meriendas se servirán en el día y por cuánto tiempo. Establezca también si usted proveerá los alimentos o si es la responsabilidad de los padres. En el segundo caso, esta sección deberá ser lo más detallada posible para evitar complicaciones. Estipule el tipo de alimentos que permitirá (por ejemplo, si permitirá o no comidas que tengan que ser calentadas o si limitará el acceso a golosinas para evitar problemas con los otros niños). Especifique todo lo que debe incluir (babero, servilleta, taza, etc.) y considere limitar su tiempo de preparación al mínimo.

Si proveerá la comida, adjunte una copia de un menú semanal para que los padres tengan una idea de lo que se incluye. Por último, añada también en esta sección que es la responsabilidad de los padres informarle sobre cualquier alergia alimenticia o restricción cultural o religiosa.

Materiales y otras provisiones

Establezca si va a permitir o no que los niños traigan juguetes u otros objetos personales de su casa. Recuerde que esto puede presentar celos entre los otros niños y causar demoras a la hora de salida. A menudo los proveedores de cuidado hacen la excepción de algún objeto de "seguridad" para el niño, como por ejemplo alguna cobija o peluche pequeño que les sirva de consuelo mientras están separados de sus padres. Cualquiera que sea su decisión, exprésela en su reglamento y señale que todo objeto que venga de la casa—desde los biberones hasta los libros de colorear—debe estar apropiadamente identificado con el nombre del niño.

Actividades extracurriculares

Puede mencionar que durante el año habrá actividades extracurriculares como visitas o paseos que requerirán la autorización escrita de los padres por separado. Mencione que sin estos documentos, le será imposible incluir al niño ya que su póliza de seguro no le cubrirá fuera de su ámbito habitual de trabajo.

Código de conducta

Es recomendable que elabore un código de conducta donde establezca el tipo de comportamiento que se espera de los niños. Recuerde que los estándares de licenciamiento prohíben terminantemente el castigo corporal y el abuso verbal. Determine sus prácticas de disciplina y aunque no las incluya en su reglamento, esté lista para discutirlas con los padres en el momento apropiado.

En esta sección puede incluir un párrafo donde plantea que se reserva el derecho de rehusar cuidado a un niño debido a problemas severos de comportamiento. Consulte a su abogado o asesor durante el proceso de revisión de este documento si debe entrar en detalles sobre lo que esto significa. Recuerde que no puede rehusarse a cuidar a un niño por razones de impedimento físico o mental, a menos de que pueda probar que su casa no está preparada para prestarle seguridad al niño y que la implementación de las modificaciones necesarias para asegurar su bienestar no son factibles en su caso.

Otras consideraciones

Puede ser que su oficina de licenciamiento tenga regulado el contenido de su reglamento—o contrato, como suele llamarse a este documento en algunos estados. Verifique si éste es su caso y, de ser así, pídales copias de reglamentos para tomar como modelo.

Por último, si va a servir a una clientela de habla hispana, asegúrese de tener dos versiones de su reglamento—una en inglés y otra en español—asegurándose de la validez de la traducción. Aún si toda su clientela es de habla hispana, el tener este documento en inglés le ayudará en el proceso de licenciamiento y en caso de complicaciones legales.

Lo esencial para su reglamento

✓ Días y horas de cuidado
✓ Flexibilidad o firmeza del horario
✓ Procedimiento de llegada y salida: estacionamiento, personas autorizadas para recoger los niños
✓ Calendario de días festivos y vacaciones
✓ Práctica de pago durante días festivos
✓ Práctica de aviso y pago por vacaciones familiares
✓ Práctica de visitas durante horas de cuidado
✓ Práctica en caso de enfermedad o emergencia
✓ Práctica de comidas y meriendas
✓ Objetos personales
✓ Código de conducta

CAPÍTULO 5

PUBLICIDAD

POR MUY PEQUEÑO QUE SEA SU NEGOCIO, siempre tendrá que disponer un poco de tiempo y dinero en publicidad. Piense en estos gastos como una inversión ya que estará construyendo la reputación y el profesionalismo de su negocio. Quizás usted se pregunte cómo puede un pedazo de papel o unas líneas pronunciadas de boca en boca lograr estas cosas. La respuesta consiste en dos simples palabras: primera impresión.

Su cliente potencial

Para la mayoría de sus clientes, la primera impresión de su negocio se presentará en la forma de un anuncio verbal o escrito. Por lo tanto, es esencial que ese anuncio recoja la información básica de su negocio y aquellas cualidades que lo separan de los demás. Antes de sentarse a esbozar su anuncio, debe considerar a su público objetivo, es decir, a aquellas personas que puedan interesarse en sus servicios. ¿Cómo se imagina su cliente potencial? ¿Una madre jóven que trabaja tiempo completo? ¿Padres de una familia trabajadora que no se pueden permitir el lujo de quedarse en casa hasta que los niños tengan edad escolar? ¿Hispanohablantes, bilingües, o anglohablantes que desean darles a sus hijos una base en otro idioma? ¿Qué lugares frecuentan sus clientes potenciales: algún supermercado en particular, centro cultural o biblioteca pública? ¿Qué estaciones de radio escuchan o qué periódicos locales leen? Entre los principios básicos de mercadeo está el investigar las necesidades del consumidor—es decir, de su cliente potencial—y elaborar cómo su negocio va a satisfacer dichas necesidades. Piense en la manera en que su guardería va a llenar un vacío en su localidad. Puede ser que en su ciudad o vecindario no haya muchas guarderías bilingües, o, si las hay, puede ser que éstas no cuenten con el espacio apropiado para satisfacer la demanda. Piense en los atributos físicos de su guardería que podrían resultar atractivos a los padres y que a su vez se diferencien de las otras guarderías. Al formular su lista, póngase en el lugar del consumidor y anticipe sus necesidades y deseos. ¿Qué cosas le resultarían atractivas y tranquilizadoras al escoger una guardería para sus hijos? ¿Qué le ofrece esta guardería que no le ofrecen las otras quince que aparecen en el directorio del pueblo? Enumere estas características con precisión. En lugar de decir "un ambiente seguro y creativo", piense en las características específicas que hacen que su guardería sea especialmente segura y creativa. Quizás las otras guarderías se concentran en cuidado básico y no en actividades que promuevan el aprendizaje. O quizás la diferencia entre otras guarderías y la suya recaiga sobre algún aspecto de su personalidad o entrenamiento como proveedor/a. ¿Tiene una habilidad especial para trabajar con tecnología y computadoras, o un don para la cocina y repostería, o para los idiomas? Piense en cómo podría integrar estos talentos a su negocio, ya que a los ojos de sus clientes potenciales, estas consideraciones podrían lograr la diferencia entre sus servicios y los existentes.

Intente resumir en una frase u oración lo que hace que su guardería sea esencialmente diferente de las otras. Utilice esta frase en toda su correspondencia publicitaria.

Enumere los puntos fuertes de su negocio:

✓ Describa de manera detallada a su cliente potencial: cómo es su familia, cuánto gana, qué lugares frecuenta, cuáles son sus gustos y metas.

✓ Haga una lista de las necesidades de cuidado infantil de su cliente potencial.

✓ Piense en maneras concretas en que su guardería va a satisfacer las necesidades del cliente.

✓ Piense en los vacíos que existen en los servicios de guarderías y centros de cuidado infantil en su localidad.

✓ Haga una lista de los atributos de su guardería que la harán diferente de las demás.

✓ Enumere aspectos de su personalidad o entrenamiento que la distingan de otros proveedores de cuidado infantil.

✓ Resuma en una frase u oración los atributos que hacen que su guardería sea esencialmente distinta de las otras.

Publicidad "de boca en boca"

Para negocios de servicio, una de las formas más efectivas de publicidad es la verbal, es decir, "de boca en boca." Cuando usted se muda a una nueva ciudad y se ve en la necesidad de encontrar un médico, ¿a dónde se dirige? Por lo general, en vez de ir a las páginas amarillas de su directorio telefónico, se dirigirá a sus compañeros de trabajo, vecinos, o a alguna persona que conozca en la comunidad. Igual si busca, por ejemplo, a un hojalatero para que le repare el exterior de su automóvil después de un accidente, un plomero o un electricista. Todos estos negocios pertenecen a la industria de servicio, en la cual el producto equivale precisamente al servicio prestado por un individuo o grupo de individuos. Como no se trata de un producto tangible, la calidad de éste va a depender de la experiencia del individuo y, por lo tanto, va a variar considerablemente de proveedor a proveedor. He aquí la invaluable importancia de una recomendación verbal: alguien le ha ahorrado la experimentación haciendo que se sienta más cómodo al elegir un proveedor de servicio por primera vez.

Quizás se pregunte cómo puede establecer una red de recomendaciones o publicidad verbal si su negocio aún no está en pie. Piense en todas las personas que conoce profesional y personalmente en su comunidad. Refiérase a la lista que hizo en el capítulo 3 cuando consideraba personas que podrían servirle de referencia a sus clientes potenciales. Sáquele el máximo a esa relación. Cuando les comunique a las personas de su lista la intención de nombrarles como referencia para su negocio, pídales que corran la voz sobre sus servicios. Si estas personas están dispuestas a servir de referencia sobre su carácter, integridad y disposición para esta empresa, no dudarán en recomendar sus servicios a las personas que conozcan.

El segundo paso es expandir esa primera lista de referencias para que incluya a personas que le puedan servir de contacto en la comunidad. El proceso de selección para esta lista no tiene que ser tan selectivo como para la primera, ya que la intención es correr la voz sobre su negocio a clientes potenciales y no les está pidiendo que verifiquen su integridad profesional y moral. Lo interesante del caso es que cuando estas personas corran la voz sobre su negocio y servicios, aunque no mencionen nada al respecto de su carácter, la conexión personal comienza a operar al nivel de referencia. Por eso es importante que exista una conexión personal, por mínima que sea, entre usted y la persona que le servirá como vehículo de publicidad oral. Si, por ejemplo, usted le pide a una cajera de supermercado a quien le dirige unas palabras por primera vez en su vida que corra la voz sobre este nuevo negocio que va a operar, probablemente no obtenga ningún resultado, o quizás, ninguno positivo. Ahora, si le menciona casualmente a la persona a quien le compra pan y pastelitos varias veces a la semana—y con quien suele cruzar algunas palabras de cortesía—que está en el proceso de abrir una guardería y que si sabe de alguien que esté buscando que le cuide a los niños que le dé sus datos, ésa es otra historia, ya que existe una conexión personal.

También es esencial que proyecte entusiasmo sobre su negocio. Piense en los servicios que va a ofrecer como parte de una "misión". Considere de qué manera sus servicios van a beneficiar a los niños bajo su cuidado, a sus padres, y a la sociedad en general. Cuando su portavoz o cliente potencial detecte que la motivación de su negocio va más allá de las posibles ganancias monetarias, su propuesta resultará mucho más atractiva y digna de publicidad o referencia.

Tarjetas de presentación

Antes de lanzarse a la calle a correr y hacer correr la voz sobre su negocio, asegúrese de tener consigo una tarjeta de presentación. De este modo, cuando le comente a alguien sobre su negocio—y esta persona demuestra algun interés—podrá presentarle su tarjeta para que pueda pasar sus datos correctamente.

En una tarjeta de presentación, la claridad es lo más importante. Asegúrese de que aparezca el nombre de su negocio--y el subnombre si es necesario (refiérase al capítulo 2)—centrado en la tarjeta y más visible que el resto de su información. Debajo, y en caracteres más pequeños, incluya su nombre y título (administrador/a, propietario/a, y/o director/a). En uno de los costados superiores incluya los días y horas de operación de su guardería, abreviados y en caracteres bien pequeños pero legibles. En los costados inferiores puede incluir, usando el mismo tamaño de letra, su dirección y teléfono y, si el espacio lo permite, su información electrónica.

Siguiendo este formato, su tarjeta de presentación hace también el papel de anuncio ya que incluye su información de contacto y horas de trabajo. Al mencionar su información electrónica, la tarjeta le sirve como enlace a publicidad más extensa que puede incluir en su página de web.

Información electrónica

Aunque tenga acceso a correo electrónico (e-mail), sería conveniente crear una cuenta separada para su negocio. De este modo, puede manejar su correspondencia de negocio más eficientemente ya que estará separada de la personal. En efecto, con la cantidad de servicios que proveen cuentas gratuitas de e-mail, muchas personas con negocios propios mantienen tres cuentas separadas: una para el negocio (donde se recibe correspondencia de clientes y proveedores), una personal (para amigos y familiares) y una comercial (para anuncios de compañías, revistas electrónicas y promociones). De ser posible, escoja una dirección de e-mail que refleje el nombre de su negocio o alguna característica del mismo. Este detalle servirá para expandir su concepto publicitario y, al mismo tiempo, hará que su dirección sea más fácil de recordar.

Otra buena idea es establecer una presencia electrónica por medio de una página de web. De nuevo, hay muchos servicios gratuitos que ofrecen páginas de web. La mayoría de éstos incluye instrucciones fáciles de seguir para construir su página y subpáginas. En su página principal, incluya la misma información básica de su tarjeta de presentación, pero subrayando cada sección con títulos como: "horas de operación", "información de contacto", "edades de cuidado", etc. Este formato le permite incluir gráficos y fotografías, haciendo que su página resulta más atractiva. No desperdicie esta oportunidad. Si su casa o espacio de trabajo es especialmente atractivo, no vacile en incluir una foto debajo del nombre de su guardería. Si no quiere destacar su local, escoja una foto que exprese el concepto de su negocio (asegurándose primero que ésta no esté protegida bajo derechos de reproducción, y de que tengas el consentimiento de toda persona que aparezca reconocible en la foto) o elija un logo que puede utilizar para unificar su material publicitario y correspondencia profesional.

Como su página de web le servirá de anuncio al igual que de vehículo de información, es importante que incluya en un lugar visible de su página principal aquella información que separa a su guardería de las otras. Incluya la frase única que diseñó antes de comenzar su publicidad.

En las subpáginas puede incluir información adicional sobre su guardería como actividades, tarifas, servicios de comida, calendario de operación, direcciones de cómo llegar a su local, etc. Mencione suficiente información para interesar al cliente, pero no más de la cuenta para que el cliente no tome una decisión al respecto de su negocio sin haberse comunicado con usted. Tampoco le facilite demasiado la investigación a su competencia. Recuerde que sus clientes recibirán la información específica de su guardería en la copia del reglamento y otros documentos que acompañen la inscripción.

Una vez establecido su negocio, usted podrá optar por construir un grupo de internet con acceso limitado a sus clientes para facilitar la comunicación entre los padres y compartir detalles de su operación, fotos y actividades, sin violar ningún principio de privacidad. Por útlimo, si vas a operar una guardería bilingüe, asegúrese de incluir versiones de su página de web en ambos idiomas.

Hojas de publicidad

Para su publicidad escrita, siga los conceptos que se expusieron arriba, incluyendo toda información básica de su negocio para que sus clientes potenciales puedan obtener más información y comunicarse con usted

Lo que varía en los anuncios de publicidad en hojas sueltas es la utilización del espacio. Su propósito es atraer la atención de su cliente potencial, por lo tanto, ponga en el espacio más visible la información que le servirá de enganche. Debe formularla en una frase única o pregunta, cuya respuesta será su frase de publicidad. Por ejemplo: "¿Busca una guardería bilingüe en Fountain Heights?" Esta pregunta establece la información básica de su negocio (guardería), un aspecto que lo distingue de los demás (bilingüe) y la ubicación de su negocio (vecindario de "Fountain Heights"). Siguiendo los principios básicos usados en la tarjeta de presentación, concéntrese en claridad, visibilidad y organización.

Si tiene acceso a una buena impresora, puedes crear e imprimir un anuncio profesional desde la comodidad de su hogar o biblioteca pública. Recuerde que aún si su impresora no produce documentos de calidad profesional, usted siempre puede organizar el texto de su anuncio y llevarlo a imprimir a una casa de copias. Estos negocios también ofrecen ayuda sobre cómo hacer su anuncio más visible y eficaz.

Al imprimir su anuncio, asegúrese de usar caracteres que resulten visibles a distancia, fáciles de leer, y profesional. Aún una letra que imite la escritura de los niños resultaría efectiva ya que estaría comunicando algo esencial sobre su negocio, siempre y cuando sea del tamaño y claridad adecuados para garantizar su legibilidad.

Para imprimir su anuncio puede utilizar tinta negra sobre papeles de colores vivos o tinta de colores en papel blanco. La primera opción le resultará más económica que la segunda y le ahorrará gastos de reproducción. Asegúrese de leer y releer su anuncio antes de reproducirlo. Hágalo leer a personas que no estén al tanto de su negocio y pídales su opinión. Asegúrese de que su anuncio no contenga errores de gramática y que toda la información de contacto esté correcta.

Haga una lista de los lugares en donde puede colocar su anuncio, lo cual le dará una idea de la cantidad de copias que necesita. En esta lista incluya lugares que imagina frecuentados por su cliente potencial—supermercados, colmados, librerías, bibliotecas públicas, centros culturales, etc. Asegúrese de obtener la autorización de los encargados del local antes de fijar su hoja de publicidad a una pared o tablero de anuncios. Si se lo permiten, puede fijar varias copias seguidas cuestión de que los interesados puedan remover una copia sin quitar el anuncio. Opte por un lugar visible en el tablero de anuncios, pero recuerde que se estará disputando esa posición con otros anuncios. Es importante que, al principio de su operación, visite semanalmente los lugares en donde ha dejado anuncios para refrescar su posición y volverlos a colocar si han sido removidos.

Otro uso de las hojas de publicidad es como encarte en publicaciones locales. Infórmese con el departamento de publicidad del periódico de su comunidad ya que puede resultarle más económico—y definitivamente más visible—incluir su hoja de publicidad insertada en el periódico que sacar un anuncio grande entre sus páginas.

También puede distribuirlas en su vecindario, asegurándose de dejarlas en el espacio del buzón designado para periódicos o revistas, o en la puerta, ya que es ilegal abrir los buzones postales.

Cartas de presentación

La carta de presentación es un tipo de publicidad más personal que se envía directamente a un destinatario, comunicándole la información esencial de su negocio y, por lo general, solicitando algún favor—como referencia o cliente potencial. Puede distribuir este tipo de carta entre sus conocidos y amigos para que tengan a la mano información de su negocio y puedan correr la voz adecuadamente. También puede utilizar la carta de presentación para informar a sus vecinos sobre su proyecto y asegurarles con anticipación que sus horas de operación no interferirán con su espacio o tranquilidad.

Al redactar este documento, diríjalo según el destinatario—"Estimados amigos" o "Estimados vecinos"— lo cual le da un toque más personal y garantiza un poco mejor su lectura. Recuerde leer su carta de presentación varias veces antes de enviarla, asegurándose de que esté libre de errores.

Anuncios impresos

Otra manera eficaz de dar a conocer su negocio consiste en correr anuncios impresos en periódicos locales u otras publicaciones de su comunidad. Una vez más, al redactar su anuncio, toda la información anterior aplica, sobretodo en cuanto a claridad, organización y visibilidad. En efecto, su anuncio impreso podría consistir en una copia reducida de su hoja de publicidad.

Cuando pregunte sobre los precios de anuncios, infórmese también sobre la tirada de la publicación. Algunos periódicos corren anuncios diferentes en distintas secciones de la ciudad. Asegúrese de que su anuncio salga en las áreas más cercanas a su localidad y en donde pueda llegar a sus clientes potenciales. También determine con la persona encargada de publicidad la sección del periódico o publicación donde va a aparecer su anuncio. A menos de que su guardería tenga un enfoque atlético, un anuncio en la sección de deportes no le será de mucha utilidad.

Finalmente, requiera que le envíen una copia del anuncio antes de su publicación para que pueda corregir cualquier error en la organización, gramática o impresión de su anuncio.

Lo esencial

✓ Describa en detalle a su cliente potencial.

✓ Enumere las necesidades de cuidado de su cliente potencial.

✓ Haga una lista de los puntos fuertes de su servicio de cuidado.

✓ Haga una lista de las personas que le puedan servir de referencia y publicidad.

✓ Establezca una cuenta de correo electrónico (e-mail) para su negocio.

✓ Diseñe una página de web básica con la información esencial de su guardería.

✓ Diseñe y ordene tarjetas de presentación.

✓ Diseñe e imprima hojas de publicidad.

✓ Establezca una ruta para la distribución de hojas de publicidad y comprométase a renovarlas semanalmente (hasta que comience a operar).

✓ Escriba una carta de presentación para amistades y conocidos.

✓ Escriba una carta de presentación para sus vecinos.

✓ Redacte un anuncio impreso.

✓ Lea y relea su material de publicidad asegurándose de que no haya errores de gramática o erratas.

✓ Asegúrese de que su material de publicidad incluya la siguiente información:

- Nombre y subnombre de su guardería
- Logo y/o frase única describiendo lo esencial de su negocio
- Edades de cuidado
- Días y horas de operación
- Subraye lo mejor, lo único y lo especial de su programa
- Su nombre y título
- Información de contacto (dirección residencial, postal y electrónica, número de teléfono, fax, y dirección de página de web)

CAPÍTULO 6

CON LOS PADRES

SU CONTACTO INICIAL CON LOS PADRES es importantísimo ya que es en ese momento cuando se forja la primera impresión sobre usted como proveedor/a y su negocio. La mayoría de las veces es en base a esta primera impresión que los padres harán su decisión. Por lo tanto, necesitas un plan de acción para esa primera entrevista, sea por teléfono o en persona.

La entrevista telefónica

La mayoría de las veces, el primer contacto con los padres será por medio de una llamada telefónica. Es esencial que usted esté preparada con anticipación. Sea profesional y cortés al contestar sus llamadas telefónicas ya que nunca sabrá con certeza si se trata de un cliente potencial o no. Una buena idea es invertir en el servicio de identificación de llamadas (caller id) así podrá reconocer las llamadas de familiares y amigos y tratarlas apropiadamente.

No conteste ninguna llamada profesional si no puede contar con un mínimo de quince minutos sin interrupción. De otro modo, deje que la contestadora tome un mensaje y devuelva la llamada a su conveniencia. Si un cliente potencial le deja un mensaje en la contestadora, contéstelo antes de que pasen 24 horas. No llame durante horas laborales—ya que se preguntarán quién está pendiente de los niños—pero sí devuelva la llamada a una hora razonable. Evite la hora de la cena y no llame después de las 8 P.M. Para los padres, el propósito de esta llamada es tomar información básica sobre sus servicios. Para usted, el propósito será acordar una entrevista personal con los padres y el niño. Por lo tanto, no dé más información de la cuenta. Responda cortésmente con respuestas básicas e invite a los padres a que la visiten personalmente para discutir más a fondo las particularidades de su programa. Añada que contestará todas sus preguntas durante esa reunión inicial y tendrá el material de inscripción listo para que lo revisen.

Tenga a la mano una libreta donde anotar los datos de la llamada: fecha, hora, nombre de la persona que hizo la llamada, nombre y edad del niño, y el día y hora que han acordado para la visita. Es esencial que la visita de los padres tome lugar fuera de sus horas laborales. Nuevamente, querrá ofrecerles toda su atención, lo cual será improbable con una casa llena de niños. Si los padres insisten en ver su guardería en operación antes de tomar una decisión, dígales que acordarán una hora para esa visita durante la entrevista personal.

La entrevista personal

Tenga todo el material listo por lo menos quince minutos antes de la hora de la entrevista. Verifique su apariencia y la de su hogar. La limpieza y organización de su espacio estarán entre las cualidades más importantes que los padres noten. Recuerde que quiere proyectar una imagen profesional. Vístase de acuerdo con esta imagen y asegúrese de que su espacio de trabajo comunique lo mismo. Dígale a su familia con anticipación que espera visita de unos clientes y pídales que no la interrumpan a menos de que sea una verdadera emergencia. Igualmente, no conteste el teléfono y baje el volumen de su contestadora para mantener la privacidad de sus mensajes.

Preste atención a la puntualidad de los padres, ya que esto le dará una idea de cómo será la llegada y salida de los niños una vez comiencen en su guardería. Si han llegado tarde, asegúrese de reiterar—cuando se discuta el reglamento—que tiene estipulado cargos por incumplimiento de horario.

Reciba a los padres con un apretón formal de manos y trátelos de "usted" si el idioma de intercambio es el español. En inglés, establezca la formalidad por medio del uso de apellidos. Reconozca la presencia del niño y recuerde que los padres estarán prestando atención especial a estas interacciones.

Comience la visita con un "tour" del área de su área de trabajo. Esta visita en movimiento pondrá a todos los presentes más cómodos y servirá como presentación de sus servicios. Explíqueles qué espacio se usa para qué actividad y destaque los puntos fuertes de su guardería. No dude en mostrarles su "oficina" ya que ése es un buen momento para asegurarles que usted mantiene estrictamente la confidencialidad de sus clientes.

Después del "tour", siéntenlos cómodamente y entrégueles copias individuales de su reglamento para que puedan seguir la discusión punto por punto. Anímeles a que hagan preguntas para que no haya lugar a dudas. Aunque los padres no estén listos a tomar una decisión durante esta visita, asegúrese de que llenen la hoja de solicitud en su presencia. Recuérdeles que el llenar la hoja de solicitud no los compromete a aceptar sus servicios. Indíqueles que esa información le ayudará a determinar las necesidades de cuidado de su niño y si su guardería es la más apropiada para éstas.

Los padres tendrán la oportunidad de llenar la hoja de acuerdo en la privacidad de su hogar, si así lo desean, y de entregársela junto a la cuota de inscripción y cuota de servicio semanal el primer día de asistencia.

Sea selectiva con sus clientes

Si bien los padres han venido a entrevistarle, recuerde que usted también está entrevistando a los padres. Sea selectiva. No tiene por qué aceptar a toda familia que aparezca interesada en sus servicios. Preste atención al comportamiento de los padres. ¿Parecen extremadamente ansiosos? ¿Piden una cantidad excesiva de información? ¿Le han hecho una lista interminable de las necesidades de su hijo? Confíe en su intuición. Si algo le dice que su relación con esa familia va a resultar problemática, no dude en recomendarles que busquen otro servicio más afín a sus necesidades específicas.

Préstele atención al niño también. ¿Es demasiado inquieto? ¿Desobedece o desafía a los padres? ¿No presta atención cuando le hablan? Piense cómo reaccionarán los otros niños ante su presencia. ¿Ayudará a mantener la coherencia del grupo? ¿O ve algo en el niño que le indique que su presencia podría perturbar la disciplina de los otros niños? Discuta la historia médica y el desarrollo del niño con los padres para ver si hay alguna señal de problemas potenciales. Si no está segura, siempre puede ganar tiempo diciéndoles que en ese momento no tiene cabida para otro niño pero que les informará a penas se abra un espacio.

Hoja de solicitud:

Información de los padres o guardianes legales
  Apellido de familia:
  Nombre de la madre:
  Nombre del padre:
  Dirección residencial y postal:
  Teléfono residencial y celular:
  Nombres y edades de otros miembros de la familia en la misma residencia:
  Estado civil de los padres:
  Si están divorciados, quién tiene custodia de los hijos:

Empleo
Lugar de empleo de la madre:
Dirección:
Teléfono:
Horario de trabajo:

Lugar de empleo del padre:
Dirección:
Teléfono:
Horario de trabajo:

En caso de emergencia
Nombre de contacto en caso de emergencia (que no resida en el hogar familiar):
Relación al niño:
Dirección y teléfono:
Personas autorizadas para recoger al niño si los padres no están presentes (se requiere identificación con foto):

Información sobre el solicitante (niño/a)
Nombre del niño/a:
Apodo:
Fecha de nacimiento:
¿Quién lo ha cuidado desde su nacimiento?
¿Ha estado en una guardería o centro de cuidado infantil anteriormente?

Información médica y de desarrollo
Nombre del pediatra o clínica:
Dirección y teléfono:
¿Está al día en las vacunas? (Se requiere prueba de inmunización)
¿Tiene alguna alergia a medicamentos, alimentos, látex, o a picadas de insectos?
¿Sufre de asma o alergias ambientales?

¿Toma algún medicamento a diario? (Incluya instrucciones especiales)

Ha tenido alguna de las siguientes enfermedades:

- Varicela
- Sarampión
- Paperas
- Alguna otra:

¿Ha sido hospitalizado por alguna enfermedad o condición seria?

¿Está bajo cuidado médico especializado? ¿Razón?

¿Ha tenido alguna cirugía?

¿Tiene algún impedimento físico?

¿Nació prematuro/a?

¿A qué edad se sentó, gateó, caminó?

¿A qué edad comenzó a hablar?

¿Qué idioma hablan en la casa?

¿Habla en oraciones completas?

¿Tiene algún problema del habla? ¿De audición? ¿De la vista?

¿Cómo expresa dolor o molestia?

¿Qué palabras especiales usa para expresar que tiene que ir al baño, tiene hambre, sed o sueño?

Instrucciones especiales en caso de enfermedad o emergencia:

Hábitos y preferencias

¿A qué hora suele hacer sus comidas y meriendas?

¿Qué cantidad suele comer?

¿Cuáles son sus alimentos y bebidas favoritas?

¿Qué alimentos no come, no tolera?

¿Come solo/a? ¿Con utensilios o con los dedos?

¿Usa pañales? ¿Qué tipo y con cuánta frecuencia?

¿Va al baño solo/a?

¿Le puede comunicar cuando tiene que ir al baño?

¿Qué palabras usa para "orinar" y "evacuar"?

¿Cuán a menudo tiene "accidentes" de este tipo? ¿Cómo reacciona?

¿Tiene algún objeto que le brinde confianza y seguridad? ¿Cómo lo llama?

¿Instrucciones especiales al respecto?

¿Ha estado alrededor de otros niños de su edad? ¿Cómo reacciona?

¿A qué cosas les tiene miedo? ¿Cómo reacciona?

Alguna otra información que estime relevante:

Revise esta información junto a los padres para que pueda aclarar cualquier duda que se le presente. Preste atención a la historia médica y de desarrollo y considere si estás capacitada para proveer el cuidado apropiado. Deje espacio al final de la hoja para tomar nota de cualquier aclaración o información adicional que le provean los padres. Recuerde que no tiene que tomar una decisión en ese momento. Siempre puede indicarles a los padres cortésmente que necesita verificar su cabida y les informará su decisión dentro de poco.

Si al final de la reunión ha decidido admitir al niño, déle a los padres su hoja de acuerdo, la cual estipula que han leído y están de acuerdo con su reglamento. Indíqueles que necesitará una copia de esta hoja, a entregarse con firma y fecha, junto a la cuota de inscripción y cuota de servicio semanal el primer día de asistencia.

Recuerde que también necesitará tener a mano hojas de autorización para administrar medicamentos, transporte, actividades especiales, deportes, excursiones, y cualquier cambio a la información en la hoja de solicitud (sobretodo a la sección de personas autorizadas a recoger al niño). Mantenga copias de cada uno de estos documentos en sus archivos.

Lo esencial

✓ Prepárese para llamadas telefónicas teniendo información y lugar para tomar notas al alcance de la mano.

✓ No conteste llamadas telefónicas a menos de que cuente con un mínimo de quince minutos sin interrupción.

✓ No termine una entrevista telefónica inicial sin haber acordado la fecha y hora para una reunión en persona.

✓ Prepare con anticipación su espacio y materiales para la reunión personal.

✓ Infórmele a su familia la fecha y hora de la reunión para que no la interrumpan y deje que la contestadora se encargue de sus llamadas.

✓ Sea profesional, cortés y alerta.

✓ Preste atención al comportamiento de los padres y del niño

✓ Sea selectiva—use su intuición para evitar problemas potenciales.

✓ Discuta el reglamento punto por punto y conteste todas las preguntas.

✓ Revise la hoja de solicitud y aclare cualquier duda con los padres.

✓ No tome una decisión apresurada.

✓ Sólo si está segura de que le gustaría admitir al niño, entrégueles la hoja de acuerdo, y pidales devolvérsela firmada y fechada junto a las cuotas iniciales.

CAPÍTULO 7

CON LOS NIÑOS

LOS PRIMEROS DÍAS DE UN NIÑO en una guardería suelen ser de mucha inquietud tanto para el niño como para sus padres y el proveedor de cuidado. Imagínese ahora cuando se trate de niños inquietos y padres aprensivos, más los imprevistos, visitas y llamadas inesperadas que suelen caracterizar a esos primeros días... ¡ah! y sus propios nervios. Si al leer ésto su corazón comienza a latir más de prisa, respire profundamente y relájese. La clave es: *planificación*.

Su plan de trabajo

Los expertos en desarrollo infantil están de acuerdo que los bebés al igual que los niños pequeños reaccionan mejor ante una rutina. Por eso es importante que su día de trabajo esté estructurado de manera que tanto usted como los niños sepan qué esperar. Además no tiene por qué eliminar el elemento de sorpresa, ya que le proveerá un formato para introducir actividades nuevas dentro de la rutina diaria.

Al planificar su rutina, asegúrese de lograr un equilibrio entre juego libre, actividades estructuradas y pasivas o de relajación. La forma más fácil de asegurar este equilibrio es seguir los períodos de juego libre con una actividad estructurada y una pasiva. Limite las actividades estructuradas a períodos cortos ya que los niños pequeños no pueden mantener la atención por largo tiempo.

Planifique su semana por adelantado. De esta manera tendrá actividades listas en caso de que tenga que hacer algún cambio. Siempre que planifique actividades o juego libre, tenga una actividad adicional en caso de mal tiempo. Por eso es una buena idea tener un cajón de actividades y materiales "de emergencia", sobretodo durante las primeras semanas, para suplir en caso de imprevistos.

Recuerde que a los niños pequeños les encanta jugar y recrear escenarios donde usan su imaginación. Un momento pueden ser caballeros andantes y princesas encantadas y al rato aullar como lobos en la noche. Una manera de ponerle un poco de estructura al juego libre es mediante los materiales que tenga disponibles. Por ejemplo, al comienzo del día, puede recibirlos con un cajón de juguetes en medio de la sala. Cuando toque la campana, indíqueles que es hora de poner todos los jueguetes en el cajón y sentarse en círculo para escuchar un cuento. A la hora del próximo segmento de juego libre, en lugar del cajón de los juguetes, saque, por ejemplo, un baúl lleno de disfraces para que puedan ejercer su imaginación durante este período. Recuerde que habrá juguetes y disfraces más populares que otros. Asegúrese de crear un sistema de rotación para que ningún niño se apodere de algún juguete o disfraz en específico.

Las comidas

Si usted va a proveer meriendas y almuerzo, es esencial que prepare un menú semanal por adelantado. Esto le permitirá obtener los alimentos con anticipación y limitar el tiempo de preparación al mínimo. Si participa en el programa de reembolso alimenticio de CACFP le requerirán esta información por adelantado. De todas maneras, archive copias de su menú semanal para que le sirvan de referencia en el futuro, y provea copias semanales para los padres. De esta manera, los padres le podrán informar de alguna alergia o aversión antes de tiempo y proveer una alternativa. La hora de las comidas presenta la oportunidad de aprender modales, de refinar el uso de cubiertos, y de prácticar buenas costumbres de higiene. La práctica hace la perfección, así que reafirme estos conceptos a diario. Asegúrese de que los niños se laven las manos adecuadamente antes y después de las comidas. Enséñeles la importancia de no compartir cubiertos, servilletas o vasos. Para asegurarse de que los niños terminen de comer a tiempo, puede colocar varios relojes de arena de colores vivos sobre la mesa para que los niños tengan una idea de cuánto tiempo les queda para terminar.

Los niños pequeños suelen ser melindrosos en cuanto a la comida. Trate de limitar los dulces y refrescos que puedan interferir con su apetito durante el almuerzo, y si nota algún cambio en los hábitos alimenticios del niño, mencióneselo a los padres.

La siesta

Aunque su plan de trabajo varíe de día a día y de semana en semana, trate de hacer la merienda, el almuerzo y la siesta a la misma hora. Los padres agradecerán que les devuelva a un niño que haya descansado lo suficiente durante el día, y usted se beneficiará de ese tiempo "libre" en su rutina para devolver llamadas telefónicas o archivar documentos.

Planifique una actividad pasiva o relajante para justo antes de la siesta, cuestión de que los niños no estén demasiado agitados antes de dormir. Una rutina de ejercicios de relajamiento o yoga para niños, junto a música suave antes de la siesta los preparará mental y físicamente para el descanso y les servirá de señal que es hora de la siesta.

Una vez los niños estén descansando en sus sacos de dormir o camitas, apague o atenue las luces y ponga una música relajante para ayudarles a quedarse dormidos. Recuerde que debe quedarse cerca del área donde están descansando los niños, o si se aleja por unos minutos, lleve consigo un monitor de bebés con recepción al área de descanso. No todos los niños necesitan la misma cantidad de sueño, pero es importante que aprendan a respetar el sueño de los demás. Establezca un sistema de recompensa para aquellos que duerman la siesta completa todos los días de la semana.

Modelo de plan de trabajo diario

LLEGADA
Juego Libre: cajón de juguetes
Actividad estructurada: ejercicios de movimiento
Juego Libre: al exterior (o colorear, si hay mal tiempo)
MERIENDA
Actividad estructurada: cuentos e historias
Juego Libre: baúl de disfraces
Actividad pasiva: video
ALMUERZO
Juego libre: al exterior (o rompecabezas, si hay mal tiempo)
Actividad estructurada: canciones
Actvidad pasiva: yoga para niños
SIESTA
Actividad estructurada: manualidades
Juego Libre
PARTIDA

El primer día

El temor de un niño al separarse de sus padres ese primer día en una guardería es comprensible. Primeramente, el ambiente es diferente. Por esa razón es importante que el niño haya visitado el lugar anteriormente, durante la reunión inicial, para que no le sea desconocido del todo. También sugiérales a los padres que le hagan un cuento sobre un niño que va a una guardería durante el día mientras sus padres trabajan. Así el niño sabrá un poco mejor qué esperar y quizás hasta lo vea como una aventura. Aún así, el primer día, con el ir y venir de los niños y al verse sin sus padres, le resultará definitivamente inquietante.

Los padres le preguntarán cuál es la mejor manera de separarse de su niño por la mañana. No hay una respuesta específica, ya que cada niño actúa diferente. En efecto, el Dr. Brazelton indica en su guía de desarrollo infantil que es importante que la persona que cuida de un niño no interfiera con la llegada o partida de sus padres, ya que los niños actúan de manera diferente con distintos adultos. De otro modo, explica Brazelton, la situación podría convertirse en un triángulo en el cual nadie resulta victorioso.

Algunos padres optan por desaparecer a escondidas, mientras otros se despiden larga y tendidamente. Una de las medidas más efectivas es que los padres le hablen claramente al niño y le digan que van al trabajo o a hacer diligencias y que vendrán por ellos a una hora específica. Los niños más pequeños todavía no han formulado un concepto de tiempo y, por lo tanto, resultaría más eficaz el unir el regreso del padre a una actividad específica de la rutina diaria, por ejemplo, "vengo por ti después de la siesta" o "después de la hora de cuentos".

Por lo general, las rabietas de separación a la hora de llegada o de salida no duran mucho tiempo y se resuelven por sí solas. Establezca una rutina de llegada para evitar ponerse en medio de la situación. Por ejemplo, tenga listo un vaso de leche y una galleta para cada niño y así sabrán dirigirse directamente a la mesa en cuanto lleguen. O fije la primera media hora del día para "juego libre" cuestión de que a su llegada los niños se dirijan directamente al cajón de juguetes y compartan con otros niños antes de comenzar alguna actividad estructurada.

Otra idea es pedir una foto a los padres y colocarla en un "tablero de padres". Cuando el niño comience a extrañar a su familia, podrá irla a ver al tablero. También puede permitirle un objeto de seguridad, como un osito, una cobija, o algo que pertenezca a su mamá, que le brinde consuelo durante su ausencia. Verá que a medida que el niño vaya tomando confianza, dejará a un lado su objeto de seguridad.

De primer momento dígales a los niños cómo deben llamarle (Sra. Acevedo, Miss Carmen, Mr. Juan o Doña Carmen). Es muy probable que los niños se confundan de vez en cuando y lo llamen "mami" o "papi". No le dé importancia, pero corríjalos. Tampoco se lo mencione a los padres, ya que no les hará mucha gracia y podría despertar celos innecesarios.

No insista en presentar todas las reglas al mismo tiempo. Los niños pequeños no recuerdan muchas cosas a la vez. Concéntrese en las más importantes y reitérelas durante la semana antes de introducir reglas nuevas. Sin embargo, si ve a un niño haciendo algo que no está permitido, corríjalo aún si no le ha introducido la regla al grupo. Lo importante es crear constania y no dar lugar a que los niños piensen que sus reglas son flexibles.

Consideraciones finales

De todo lo que ha leído en este libro, si al final sólo recuerda tres cosas, que sean las siguientes: a) demuestre un entusiasmo auténtico por su trabajo—la verdadera pasión por su trabajo es algo que no puede fingirse y representa el argumento más convincente a su favor; b) organícese y planifique por adelantado- mantenga buen registro de sus clientes, gastos, actividades y otros datos importantes en un sistema seguro y fácil de actualizar, y planifique sus actividades, deberes, correspondencia y contabilidad por adelantado haciendo uso de calendarios y programas computarizados; c) por último, diviértase con los niños- permítase reir, jugar y aprender con los niños, ya que es ésto lo que ellos recordarán más de usted y del tiempo que pasan en su casa. ¡Buena suerte!

Lo esencial

✓ Establezca una rutina para el beneficio de la guardería, los padres y los niños.

✓ Prepare un plan de trabajo diario y planifique una semana por adelantado.

✓ Establezca un equilibrio entre tiempo de juego libre, actividades estructuradas y actividades pasivas o de relajamiento.

✓ Prepare un menú semanal con copia para los padres.

✓ Mantenga una rutina para la siesta y asegúrese de que tome lugar a la misma hora todos los días.

✓ No intervenga en las rabietas de separación a la hora de llegada o partida de los niños.

✓ Introduzca sus reglas poco a poco, pero sea constante.

✓ Lo esencial de lo esencial:

• Demuestre entusiasmo

• Organícese y planifique por adelantado

• Diviértase con los niños

APÉNDICE 1

Oficinas estatales de licenciamiento para proveedores de cuidado infantil

ALABAMA
Department of Human Resources
Child Day Care Partnership
Gordon Persons Building
50 North Ripley Street
Montgomery, AL 36130
Phone: 334-242-1425
Fax: 334-353-1491
Web site: *www.dhr.state.al.us/fsd/licresdv.asp*

ALASKA
Department of Health & Social Services
Division of Public Assistance
Child Care Licensing
619 E. Ship Creek Ave., Suite 230
Anchorage, AK 99501-2341
Phone: 907- 269-4600
Hotline: 888-268-4632 (dentro del estado)
Fax: 907-269-1064
Web site: *health.hss.state.ak.us/dpa/programs/ccare/*
E-mail: *cclicensing@health.state.ak.us*

ARIZONA
Arizona Department of Health Services
Department of Licensure
150 N 18th Avenue, Suite 400
Phoenix, AZ 85007
Phone: 602-364-2539
Hotline: 800-615-8555
Fax: 602-364-4768
Web site: *http://www.hs.state.az.us/als/childcare/index.htm*

ARKANSAS

Arkansas Department of Human Services Division of Child Care and Early Childhood Education
Child Care Licensing
700 Main Street
P.O. Box 1437, Slot S150
Little Rock, AR 72203-1437
Phone: 501-682-8590
Fax: 501-682-2317
Web site: *http://www.state.ar.us/ childcare/provinfo.html*
Hotline: 800-445-3316

CALIFORNIA

Department of Social Services
Community Care Licensing Division
Child Care Program
744 P Street, Mail Stop 19-48
Sacramento, CA 95814
Phone: 916-229-4500
Fax: 916-229-4508
Web site: www.ccld.ca.gov/

COLORADO

Department of Human Services
Division of Child Care
1575 Sherman Street, First Floor
Denver, CO 80203-1714
Phone: 303-866-5958, 800-799-5876
Fax: 303-866-4453
Web site: *www.cdhs.state.co.us/ childcare/licensing.htm*

CONNECTICUT

CT Department of Public Health
Child Day Care Licensing
410 Capitol Avenue
Mail Station 12 DAC
P.O. Box 340308
Hartford, CT 06134-0308
Phone: 860-509-8045
Fax: 860-509-7541
Web site: *www.dph.state.ct.us/BRS/ Day_Care/day_care.htm*

DELAWARE

Delaware Department of Services for Children, Youth and Families
Office of Child Care Licensing
1825 Faulkland Road
Wilmington, DE 19805-1121
Phone: 302-892-5800
Fax: 302-633-5112
Web site: www.state.de.us/kids/ index.htm
E-mail: occl@state.de.us

DISTRICT OF COLUMBIA

District of Columbia Health Regulation Administration
Child and Residential Care Facility Division
825 N. Capitol St., NE
Washington, DC 20002
Phone: 202-442-5929
Fax: 202-442-9430

FLORIDA

Department of Children & Families
Child Care Regulation Office
1317 Winewood Blvd. Building 6
Room 389A
Tallahassee, FL 32399-0700
Phone: 850-488-4900
Fax: 850-488-9584
Web site: *www.myflorida.com/ childcare/information*

GEORGIA

Department of Human Resources
Office of Regulatory Services, Child Care Licensing Section
Two Peachtree Street, NW
32nd Floor, Room #458
Atlanta, GA 30303-3142
Phone: 404-657-5563
Fax: 404-657-8936
Web site: *www2.state.ga.us/ Departments/DHR/ORS/ orsccl.htm*

HAWAII
Hawaii Department of Human Services
Benefit, Employment & Support
Services Division
820 Mililani Street, Suite 606
Honolulu, HI 96813-2936
Phone: 808-586-7050
Fax: 808-586-5229
Web site: *www.state.hi.us/dhs/*

IDAHO
Idaho Department of Health & Welfare
Bureau of Family & Children's
Services
450 W. State Street
Boise, ID 83720-0036
Hotline: (2-1-1 Idaho CareLine)
Dial 2-1-1 or 800-926-2588;
(TDD) 208-332-7205
Phone: Dial 2-1-1 (dentro del estado) o 800-926-2588 (nacional)
Fax: 208-334-5531
Web site: *www2.state.id.us/dhw/
ecic/CC/Child_Ca.htm*
E-mail: *careline@idhw.state.id.us*

ILLINOIS
Department of Children & Family Services
Bureau of Licensure & Certification
406 East Monroe Street
Station 60
Springfield, IL 62701-1498
Phone: 217-785-2688
Fax: 217-524-3347
Web site: *www.state.il.us/agency/
dhs/childcnp.html*

INDIANA
IN Family & Social Services Administration
Division of Family and Children
Bureau of Child Development - Licensing Section
402 W. Washington Street, Room
W-386
Indianapolis, IN 46204
Para centros de cuidado infantile
llame al: Phone: 317-232-4469
Para el cuidado infantile por la
familia: Phone: 317-232-4521 o
317-234-2100
Fax: 317-234-1513
Web site: *www.childcarefinder.in.
gov*

IOWA
Department of Human Services
Division of Behavioral Development & Protective Services
Child Day Care Unit
Hoover State Office Building, 5th
Floor
Des Moines, IA 50319
Phone: 515-281-3186 o (515) 281-6004
Fax: 515-281-4597

KANSAS
Department of Health and Environment
Bureau of Child Care Licensing &
Regulation
Curtis State Office Bldg
1000 SW Jackson, Suite 200
Topeka, KS 66612-1274
Phone: 785-296-1270
Fax: 785-296-0803
Web site: *www.kdhe.state.ks.us/
bcclr/index.html*

KENTUCKY
Community Based Services
Division of Child Care
C.H.R. Building
275 East Main Street, 3C-F
Frankfort, KY 40621
Phone: 502-564-2524 & 1-800-421-1903

Fax: 502-564-3464
Web site: *cfc.state.ky.us/help/Child_
    Care.asp*

LOUISIANA
Louisiana Department of Social Services
Executive Office of the Secretary
Bureau of Licensing
2751 Wooddele Blvd.
P.O. Box 3078
Baton Rouge, LA 70821
Phone: 225-922-0015
Fax: 225-922-0014
Web site: *www.dss.state.la.us/offos/
    html/licensing.html*

MAINE
Child Care Licensing
Community Services Center
Maine Department of Human Services
11 State House Station, 221 State
    Street
Augusta, ME 04333-0011
Phone: 207-287-5060
Fax: 207-287-5031
Web Site: *www.state.me.us/dhs/*

MARYLAND
**Maryland Department of Human
Resources**
Child Care Administration
311 W. Saratoga Street, 1st Floor
Baltimore, MD 21201
Phone: 410-767-7805
Hotline: 800-332-6347
Fax: 410-333-8699
Email: *dhrhelp@dhr.state.md.us*
Web site: *www.dhr.state.md.us*

MASSACHUSETTS
**Massachusetts Office of Child Care
Services**
One Ashburton Place, Room 1105
Boston, MA 02108

Phone: 617-626-2000
Fax: 617-626-2028
Web site: *www.qualitychildcare.org*

MICHIGAN
**Department of Consumer & Industry
Services**
Bureau of Family Services
7109 W. Saginaw, 2nd Floor
P.O. Box 30650
Lansing, MI 48909-8150
Phone: 517-373-8300
Fax: 517-335-6121
Web site: *www.michigan.gov/cis*

MINNESOTA
Department of Human Services
Division of Licensing
444 Lafayette Road North
St. Paul, MN 55155-3842
Phone: 651-297-3933
Fax: 651-297-1490
Web site: www.dhs.state.mn.us/
    Licensing

MISSISSIPPI
Director, Child Care Facilities Licensure
Mississippi State Department of
    Health
570 East Woodrow Wilson Drive
Osborne Building, First Floor
Jackson, MS 39215-1700
Phone: 601-576-7613 o (800) 227-
    7308
Fax: 601-576-7813
Web site: *www.msdh.state.ms.us*

MISSOURI
**Missouri Department of Health and
Senior Services**
Bureau of Child Care
1715 Southridge Drive
P.O. Box 570
Jefferson City, MO 65109
Phone: 573-751-2891
Fax: 573-526-5345

Web site: *www.health.state.mo.us/*
AbouttheDepartment BofCC.html

MONTANA

Department of Public Health and Human Services (DPHHS)
Quality Assurance Division (QAD)
Licensing Bureau
Child Care Licensing Program
1400 Broadway PO Box 202951
Helena, MT 59620-2951
Phone: 406-444-2676
Fax: 406-444-1742
Web site: *www.dphhs.state.mt.us/*
about_us/divisions/
*quality_assurance/quality_*
assurance.htm

NEBRASKA

NE Department of Health and Human Services
Child Care
P.O. Box 95044
Lincoln, NE 68509-5044
Phone: 402-471-9278 o 800-600-
1289
Fax: 402-471-7763
Web site: *www.hhs.state.ne.us/crl/*
childcare.htm

NEVADA

Department of Human Resources
Division of Child and Family Services
Bureau of Child Care Licensing
711 East 5th St.
Carson, NV 89701
Phone: 775-684-4463
Hotline: 800-992-0900 (no en Elko o Las Vegas)
Fax: 775-684-4464
Web site: *www.dcfs.state.nv.us/*
page23.html
Email: *CCLicensing-*
CC@dcfs.state.nv.us

NEW HAMPSHIRE

Bureau of Child Care Licensing
NH Department of Health and Human Services
Office of Program Support
129 Pleasant Street
Concord, NH 03301
Phone: 603-271-4624
Fax: 603-271-4782

NEW JERSEY

New Jersey Department of Human Services
Office of Licensing
P.O. Box 717
Trenton, NJ 08625-0717
Phone: 609-292-1018
Fax: 609-292-6976
Hotline: 877-667-9845
Web site: *www.state.nj.us/*
humanservices/dyfs/
licensing.html

NEW MEXICO

New Mexico Dept. of Children, Youth and Families
Child Services Unit / Licensing
PERA Building, Room 111
P.O. Drawer 5160
Santa Fe, NM 87502-5160
Phone: 505-827-4185
Fax: 505-827-7361
Hotline: 800-832-1321
Web site: *www.newmexicokids.org*

NEW YORK

NY State Department of Family Assistance
Office of Children and Family Services
Bureau of Early Childhood Services
52 Washington Street, 3 North
Rensselaer, NY 12144
Phone: 518-474-9454

Fax: 518-474-9617
Web site: *http://www.dfa.state.ny.us*
En la ciudad de Nueva York:
New York City Department of
    Health and Mental Hygiene
Bureau of Day Care
2 Lafayette Street, 22nd Floor
New York, NY 10007
Phone: 212-676-2444 o 212-280-
    9251 (para el cuidado infantil
    por parte de la familia solamente)
Fax: 212-676-2424
Web site: *www.nyc.gov/html/doh/
    html/dc/dc.html*

NORTH CAROLINA
Division of Child Development
Regulatory Services Section
319 Chapanoke Road, Suite 120
2201 Mail Service Center 27699-
    2201
Raleigh, NC 27603
Phone: 919-662-4527 o 800-859-
    0829 (solamente para llamadas
    dentro del estado)
Fax: 919-661-4845
Web site: *ncchildcare.dhhs.state.nc.
    us/providers/pv_sn2_lr.asp*

NORTH DAKOTA
Department of Human Services
Early Childhood Services
600 East Boulevard
State Capitol Building
Bismarck, ND 58505-0250
Phone: 701-328-4809
Fax: 701-328-3538
Web site: *http://
    www.ndchildcare.org*

OHIO
**Ohio Department of Job & Family
    Services**
Bureau of Child Care and Develop-
    ment

255 East Main Street, 3rd Floor
Columbus, OH 43215-5222
Phone: 614-466-1043
Fax: 614-466-0164 o 614-728-6803
Web site: *www.state.oh.us/odjfs/cdc/*
Email: *childcare@odjfs.state.oh.us*

OKLAHOMA
Department of Human Services
Division of Child Care
Sequoyah Memorial Office Building
P.O. Box 25352
Oklahoma City, OK 73125-0352
Phone: 405-521-3561
Hotline: 800-347-2276
Fax: 405-522-2564
Web site: *www.okdhs.org/childcare/
    ProviderInfo/provinfo_
    licensing.htm*

OREGON
Employment Department
Child Care Division
875 Union Street, NE
Salem, OR 97311
Phone: 503-947-1400
Hotline: 800-556-6616 (dentro del
    estado)
Fax: 503-947-1428
Web site: *findit.emp.state.or.us/
    childcare/index.cfm?*
Email: *child_care@emp.state.or.us*

PENNSYLVANIA
**Pennsylvania Department of Public
    Welfare**
Bureau of Child Day Care
Office of Children, Youth and
    Families
1401 N. 7th Street, Bertolino Bldg.,
    4th Floor
P.O. Box 2675
Harrisburg, PA 17105-2675
Phone: 717-787-8691
Fax: 717-787-1529

Hotline: 877-4-PA-KIDS (dentro
del estado)
Web site: *www.dpw.state.pa.us/ocyf/
childcarewks/ccwreqccp.asp*

RHODE ISLAND
Rhode Island Department of Children, Youth, and Families
Day Care Licensing Unit
101 Friendship Street
Providence, RI 02903
Phone: 401-528-3624 o 401-528-3621
Fax: 401-528-3650
Web site: *www.dcyf.state.ri.us/
licensing.htm*

SOUTH CAROLINA
Department of Social Services
Division of Child Day Care Licensing and Regulatory Services
P.O. Box 1520
Room 520
Columbia, SC 29202-1520
Phone: 803-898-7345
Fax: 803-898-7179
Toll-free: 1-877-886-2384
Web site: *www.state.sc.us/dss/cdclrs/*

SOUTH DAKOTA
Department of Social Services
Child Care Services
Kneip Building
700 Governors Drive
Pierre, SD 57501-2291
Phone: 605-773-4766
Fax: 605-773-7294
Web site: www.state.sd.us/social/
CCS/Licensing/infolic.htm

TENNESSEE
Tennessee Department of Human Services
State Director
Child & Adult Care Services
Citizens Plaza Bldg. - 14th Floor

400 Deaderick Street
Nashville, TN 37248-9800
Phone: 615-313-7958
Fax: 615-532-9956

TEXAS
Department of Protective and Regulatory Services
Child Care Licensing
P.O. Box 149030
M.C. E-550
Austin, TX 78714-9030
Phone: 512-438-3267
Hotline: 800-862-5252
Fax: 512-438-3848
Web site: www.txchildcaresearch.org

UTAH
Department of Health
Bureau of Licensing
Child Care Unit
P.O. Box 142003
Salt Lake City, UT 84114-2003
Phone: 801-538-9299
Fax: 801-538-9259
Web site: *www.health.utah.gov/
licensing*

VERMONT
Department of Social Rehabilitation Services
Child Care Services Division
Child Care Licensing Unit
103 South. Main Street, 2 North
Waterbury, VT 05671-2901
Phone: 802-241-2158 o 3110
Fax: 802-241-1220
Web site: *www.state.vt.us/srs/
childcare/licensing/license.htm*

VIRGINIA
Virginia Department of Social Services
Division of Licensing Programs
730 E. Broad Street, 7th Floor
Richmond, VA 23219-1849

Phone: 800-543-7545 (dentro del
   estado) o 804-692-1787 (national)
Fax: 804-692-2370
Web site: *www.dss.state.va.us/
   division/license/*

WASHINGTON
**Washington Department of Social
and Health Services**
Economic Services Administration
Division of Child Care and Early
   Learning
P.O. Box 45480
Olympia, WA 98504-5480
Phone: 360-413-3209
Fax: 360-413-3482
Hotline: 866-482-4325
Web site: *www.dshs.wa.gov/esa/
   dccel/licensingfield.shtml*

WEST VIRGINIA
**West Virginia Department of Health
and Human Resources**
Bureau for Children and Families
Division of Early Care and Educa-
   tion
350 Capitol Street
Charleston, WV 25301-3700
Web site: *www.wvdhhr.org/oss/
   childcare*
Phone: 304-558-7980
Fax: 304-558-8800

WISCONSIN
**Division of Children & Family Ser-
vices**
Bureau of Regulation and Licens-
   ing
1 West Wilson Street
P.O. Box 8916
Madison, WI 53708-8916

Phone: 608-266-9314
Fax: 608-267-7252
Web site: *www.dhfs.state.wi.us/
   rl_dcfs/index.htm*

WYOMING
Department of Family Services
Division of Juvenile Services
2300 Capitol Avenue
Hathaway Building, 3rd Floor
Cheyenne, WY 82002-0490
Phone: 307-777-6285
Fax: 307-777-3659

PUERTO RICO
Department of Family
Licensing Office
P.O. Box 11398
Santurce, PR 00910
Phone: 787-724-0772
Fax: 787-724-0767

VIRGIN ISLANDS
Department of Human Services
Child Care Licensing
3011 Golden Rock
Christiansted, St. Croix
U.S. Virgin Islands 00820-4355
Phone: 340-773-2323
Fax: 340-773-6121

APÉNDICE 2

Organizaciones profesionales y programas de ayuda

Child and Adult Care Food Program (CACFP)
www.fns.usda.gov/fns
1340 Spring Street, NW, Suite 200
Atlanta, GA 30309
Programa de reembolso alimenticio para proveedores de cuidado infantil y de adultos.

Child Care Aware (CCA)
www.childcareaware.org/index.html
1319 F Street, NW, Suite 810
Washington, DC 20004-1106
1-800-424-2246
Programa de iniciativa nacional para poner en contacto a padres y proveedores de cuidado infantil.

Children's Foundation (CF)
www.childrensfoundation.net
725 15th Street, NW
Washington, D.C. 20005
202-347-3300
Organización nacional sin fines de lucro con enfoque educativo para mejorar el acceso y calidad de cuidado infantil.

National Child Care Association & Information Center (NCCAIC)
www.nccic.org
1029 Railroad Street
Conyers, GA 30207
1-800-543-7161
Organización profesional para proveedores de cuidado infantil que se ocupa de representar oficialmente sus intereses en los EEUU.

National Association for the Education of Young Children (NAEYC)
www.naeyc.org
1509 16th Street, NW
Washington, D.C. 20016-1426
1-800-424-2460
Asociación profesional para proveedores de cuidado infantil y educadores. Sus capítulos locales proveen materiales y entrenamiento.

APÉNDICE 3

Organizaciones con páginas de recursos en español

ADA-Ley para personas incapacitadas
www.thearc.org/faqs/ccsp.html
Esta página especifica las responsabilidades de proveedores de cuidado infantil según la ley de ADA.
Agencia Federal Para el Desarrollo de la Pequeña Empresa
US Small Business Administration (SBA)
www.sba.gov/espanol/
1-800-827-5722
Agencia con ramas locales que provee consejería inicial para pequeñas empresas.
CCCC-Community Connection for Child Care
kcsos.kern.org/cccc/espanol
2000 24th Street, Suite 100
Bakersfield, CA 93301
877-861-5200
Programa del condado de Kern en California con página de recursos en español sobre actividades, cuidado, disciplina y desarrollo infantil.
Comisión Para la Seguridad de Productos
US Consumer Product Safety Commission
www.cpsc.gov/cpscpub/spanish/spanish.html
Office of the Secretary

Washington, D.C. 20207
1-800-638-2772
Información sobre productos retirados del mercado y guías de seguridad para equipo infantil.

Cruz Roja Americana
American Red Cross
www.redcross.org/spanish/
National Headquarters
8111 Gatehouse Road, 6th floor
Falls Church, VA 22042
La Cruz Roja Americana cuenta con capítulos locales en los 50 estados. Proveen entrenamiento en primeros auxilios y resucitación cardio-pulmonar (CPR).

De Cero a Tres
Zero to Three
www.zerotothree.org/spanish
National Center for Infants, Toddlers and Families
2000 M Street, NW, Suite 200
Washington, DC 20036
202-638-1144
1-800-899-4301 (para publicaciones)
Organización sin fines de lucro, integrada por reconocidos pediatras, educadores, investigadores, y otros expertos de desarrollo infantil, que se especializa en los primeros años de vida.

Iparenting en español
iparentingespanol.com
Comunidad virtual internacional para padres y proveedores de cuidado infantil que ofrece artículos recientes, foros de discusión y listas de productos infantiles retirados del mercado.

Organización Nacional para la Protección de Incendios
National Fire Protection Organization
www.nfpa.org/International/Espanol/nfpa_en_espanol.asp
Información sobre la prevención de incendios.

Quality Care for Children, Inc.
www.qualitycareforchildren.org/en_espanol.htm
1447 Peachtree Street, NE, Suite 700
Atlanta, GA 30309-3030
404-479-4200
Organización que provee entrenamiento e información para residentes del estado de Georgia.

APÉNDICE 4

Libros, revistas y videos de referencia

Actividades de aprendizaje para los infantes y los niños hasta los tres años: una guía para uso cotidiano por Betsy Squibb, Sally Dietz, Jean Iker y Carolyn Rutsch (Children's Resources International, 2002).
  Guía con más de 100 actividades infantiles catalogadas por edad para estimular el desarrollo y aprendizaje desde el nacimiento hasta los tres años.
Guía médica de remedios para niños: cientos de sugerencias y tratamientos prácticos para cuidar la salud de los niños por Denise Foley y Prevention Magazine (Rodale Press, 1995).
  Guía de referencia médica para niños desde el nacimiento hasta los doce años.
Healthy Kids en español y *Primeros doce meses*
  Meredith Corporation
  125 Park Avenue
  New York, NY 10017
  212-557-6600
  Revistas de distribución gratuita disponibles a través de oficinas pediátricas y hospitales participantes.
Los primeros cinco años: desarrollo y evolución del niño por Mary D. Sheridan, Marion Frost, y Ajay Sharma (Editores Alfaomega, 2002).
  Guía de desarrollo infantil desde el nacimiento hasta los 5 años.
Niño genial: guía de actividades para la estimulación de su hijo por Richard C. Woolfson (Editorial Norma, 2002).
Paternidad con dignidad / Parenting with Dignity
  www.paternidadcondignidad.com

730 Capistrano
Kalispell, MT 59901
406-752-8035
Colección de diez videos o tres DVDs para facilitar la crianza de los niños, con énfasis en la responsabilidad e independencia.

Su hijo: momentos claves en su desarrollo desde el periodo prenatal hasta los 3 años por T. Berry Brazelton y traducido por Ana del Corral (Perseus Publishing, 2001).

*Guía de desarrollo infantil desde el embarazo hasta los tres años.*APÉNDICE 5

APÉNDICE 5

Documentos y materiales en español en la red

Computadoras y niños pequeños
  ericeece.org/pubs/digests/2000/haugland00s.pdf.
Cosas que puede hacer antes de comenzar el kinder
  www2.state.id.us/dhw/ecic/home2.htm
Cuatro sugerencias para incrementar la autoestima de los niños
  www2.state.id.us/dhw/ecic/home2.htm
Empezando y fundando un centro familiar de cuidado de niños
  nccic.org/faqs/starfun2.html
La participación de los padres hispanos en los programas preescolares
  ericeece.org/pubs/digests/1995/parti95s.html
La evaluación del desarrollo de los alumnos preescolares
  ericeece.org/pubs/digests/1995/evalu95s.html
La nutrición, la salud y la seguridad en centros preescolares y en hogares de cuidado
  infantil
  nccic.org/spanish/nutrition.html
Los sentimientos de los niños
  www2.state.id.us/dhw/ecic/home2.htm.
Midiendo el desarrollo de los niños: Un acercamiento
  ericeece.org/pubs/digests/1998/katz98s.pdf
Seleccionando materiales adecuados cultural y lingüísticamente: Sugerencias para
  los proveedores de servicios
  ericeece.org/pubs/digests/2000/santos00s.pdf.